捨てられない服が
よみがえる!

リフォームの魔法

檀 正也 サルト株式会社代表

講談社

はじめに

あなたがもし、着なくなった服をすべて処分したら。

クローゼットのスペースには余裕が生まれ、手持ちの服や小物が整理整頓され、「どこに何がしまってあるか」把握できるからコーディネートしやすく、さらには無駄な買い物も減る……と、その利点は数々あります。

「10年着ない服は、もう必要ない服」。それは真実かもしれません。

それでも。「どうしても手放せない服がある」

この本を手に取った人の多くは、〝効率的〟で〝現実的〟な「服を捨てる」という行為に踏み切れず、迷っておられるのではないでしょうか。

「どうしても手放せない服」であるならば、手放す必要はありません。

それは、あなたにとって「大切なもの」でしょう?

〝物を捨てる〟という行為に、あなたの胸は痛むのではないですか?

私どもが営んでおります「サルト」は、「テーラーが提案するお直し」をテーマとしたリフォーム店です。小さなボタンひとつの交換から、大がかりなリメイクまで、お客様からお預かりした大切な服に、もう一度、命を吹き込むのが仕事です。

あなたのクローゼットにある「どうしても手放せない服」は多分、「この世に存在するだけで価値のある服」です。

でもその服を、もう一度、着たり、使ったり。あるいは暮らしの中で眺めることができたとしたら、とても嬉しく価値あることだと思いませんか？

「どうしても手放せない服」は、少しばかり時を重ねた、「磨かれざる原石」かもしれません。私たちは、その輝きを取り戻すお手伝いがしたいのです。

そしてもうひとつ。「気に入ってるのに、イメージ通りに着こなせない」「去年まで似合ってたのに、しっくりこなくなった」、という服をお持ちではありませんか？もしかしたら、その服のサイズは、あなたに合っていないのかもしれません。あるいは、その服のシルエットが、今の時代に合っていないのかもしれません。リフォーム店は、こんな悩みを解決する、技術と知恵をご用意してお客様をお迎えしています。

この本が、あなたの洋服が再び輝きを取り戻すヒントになれば、とても嬉しく思います。

サルト株式会社代表　檀 正也

目次

Part 1
プロがするとこうなる！ リフォームの魔法

Part 2

プロが伝授 セルフリフォームのすすめ

Part 3

リフォームQ&A

Part 1

プロがするとこうなる！

リフォームの魔法

一枚の服には物語がある

リフォームの相談をお受けする際、私はよくお客様に、「(あなたにとって) これはどういったお洋服なのですか?」とお尋ねします。すると大概のお客様は、その服にまつわるエピソードを話してくださるのです。

ある方は、情熱的に。ある方は記憶を辿るように、ぽつりぽつりと。

皆さんのお話を伺っていて思うのは、お一人お一人にそれぞれの人生があるように、一枚一枚の服にも物語がある、ということです。

服にまつわる物語を、想い出を、何かの〝かたち〟として残したい、身につけていたい。あるいは次の世代に伝えたい。少し大げさな言い方かもしれませんが、〝手間とお金をかけてもリフォームしたい服〟を持っている人は、幸せな人だと思います。かけがえのない想い出を、服の数だけ持っている人だからです。

ご相談を承る私たちも、「お客様の大切な〝想い〟を託されている」のだと、その責任を重く受け止めています。

リフォームして着るということ

私がリフォームという仕事に携わるようになったのは、20年以上も前のことです。当時は景気がよかったせいなのか、「着古して傷んだものを繕《つくろ》ってまで着るのは恥ずかしい」と考える方が少なくありませんでした。

着物やジュエリーであれば、「世代を超えて受け継がれるもの」という認識の方が多いのに、洋服は「消耗品」と捉えられがちなのは、残念なことです。

でも例えば、イタリアのクラシックなジャケットは、いわゆる本切羽《ほんせっぱ》の四つボタンのうち、袖口から三番目までのボタンは開閉でき、四番目のボタンホールは飾りになっているものが多いのです。これは、子供が成長して袖丈を出すことになった時、ボタン位置を袖口側へ動かせるように配慮した工夫。つまり、彼らは大切なジャケットを、最初から子供に譲《ゆず》る前提で仕立てているのです。

洋服をお直しして着続けるのは、恥ずかしいことではなく、むしろ「生活の知恵」。リメイクとなれば、その可能性は無限大です。

SEVENTY

職人の技こそ財産

場所柄なのか、銀座の店は比較的、年齢層の高いお客様が中心でした。でもここ数年、若い世代の来店が増えています。

お祖父様のジャケットやお祖母様の羽織りを、孫世代の方々がお持ちになるのです。大がかりなお直しにはそれなりの費用がかかることをお伝えしても、「大切なものですから、お願いします」とおっしゃいます。

やはり、今や「リフォームこそが時代の先端」。私はそう確信します。

どんなオーダーであっても、「これはできません」とお断りするケースはほとんどありません。１００％ご希望に添えなくとも、必ず代替案をご提案します。

こうした店の実力を支えてくれているのは、豊かな知識と経験を備えたフィッターと、フルオーダーのスーツも誂《あつら》えることのできる、高い技術を持った職人の存在です。若い世代の自由な発想を、熟練世代の職人がかたちにする。時には職人から提案させていただくことも。非常に興味深いクリエイションです。

NAOMOTO
NAOMOTO

どこにもない自分のための一着

ここからは実例をご紹介しましょう。ある依頼者がサルトに持ち込まれたジャケットは、亡くなったお父様が遺《のこ》された、想い出の品。ご自分がお召しになることで、気落ちされたお母様の、せめてもの慰めになれば、とのことでした。

拝見すると、仕立てのよさがひと目で見て取れるカシミア素材。実は依頼者のお父様は80年代にミラノに赴任されており、かなりの服好きでいらしたそうです。

80年代のものですから、現在のトレンドと比較すると、全体的にオーバーサイズ。厚いパッドの入った肩をはじめ、身幅、着丈、袖丈と、ほぼすべてのパーツを外しての修理となりました。

どれほど質の高い服であっても、時代が移りトレンドが変われば、少々古くさく見えてしまうものです。私どもの仕事は「着られるようにサイズを直す」だけではありません。オリジナルの魅力を損なわない範囲を見極めつつ、時代に合ったシルエットへ、新たに構築し直すのも、センスが問われる大切な作業です。

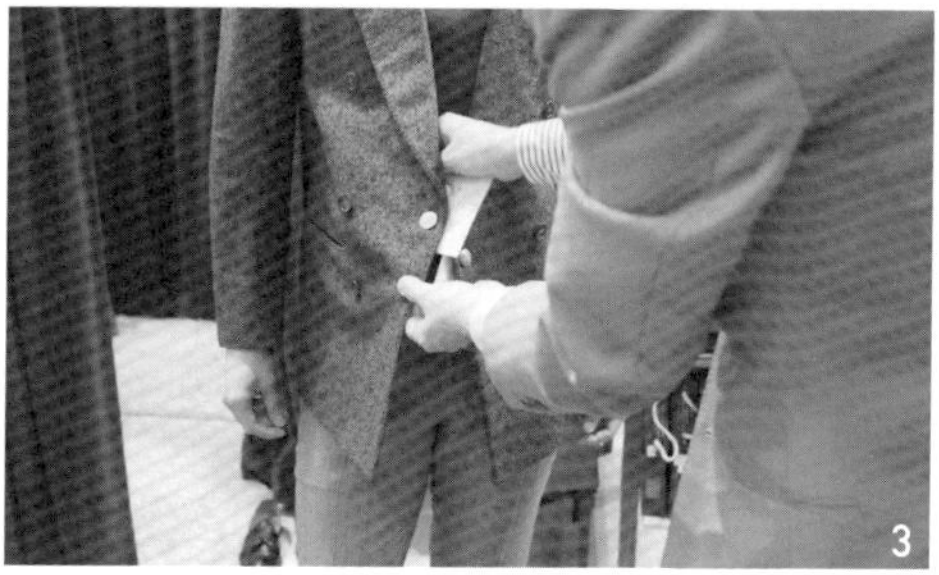

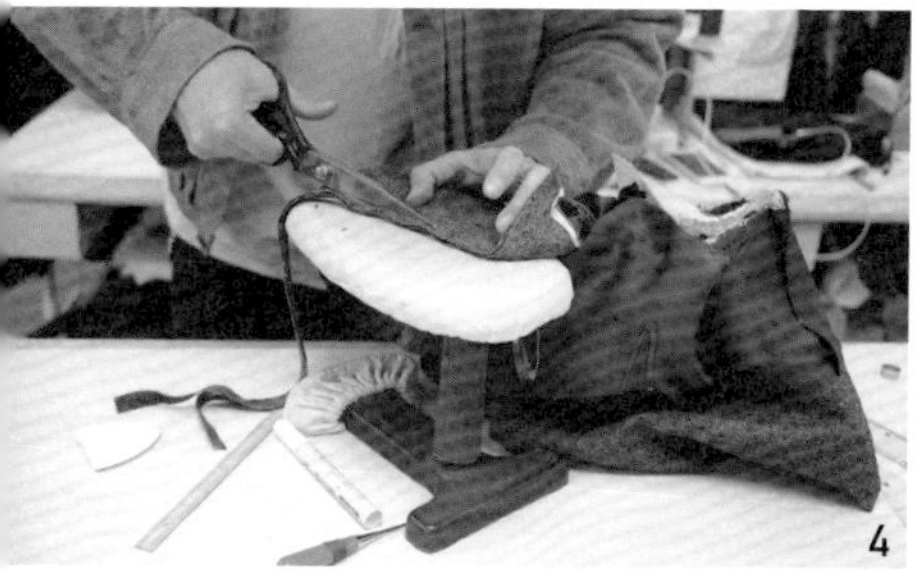

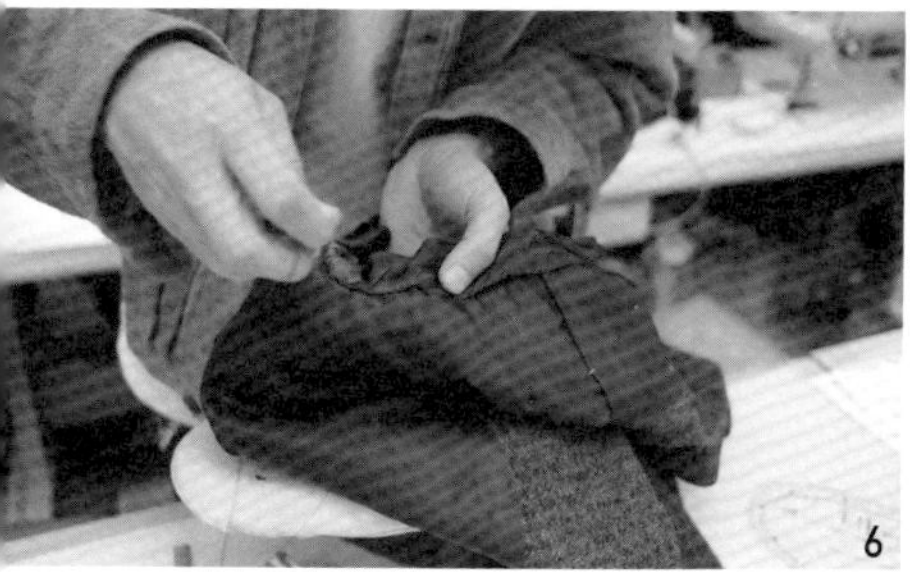

1.リフォームの工程で、もっとも重要なフィッティング。「どういう目的で着る服なのか」「どんなイメージに見られたいのか」等、お客様とのコミュニケーションを通して、最善の方法を見つけ、全体を調整しつつ提案する。**2.**細かくピンを打ちながら、シルエットを吟味。**3.**ボタンなどパーツの交換も印象を大きく変える要素。**4.**肩幅の詰める分量を裁断。アームホールは袖付けの美しさにかかわるので慎重に。**5.**外した袖をしつけで留める。**6.**袖の裏地をまつり付けて完成。

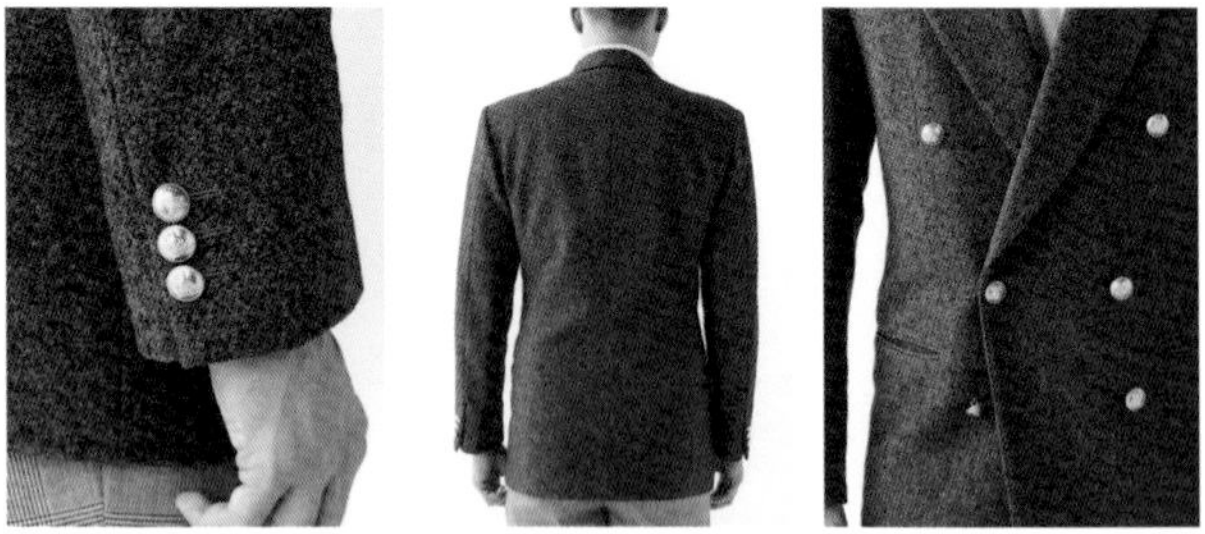

右・中／ウエストラインをコンパクトにして、ボタンを締めてジャストのサイズ感に。とはいえ、ボタンは外して着ることを前提とした「リラックス仕様のダブル」。左／オリジナルの墨黒のホーンのボタンをシルバーに。

自分では多分、選ばなかった服。新鮮な体験を楽しんでいます

「以前、サルトで直したカシミアのツイードジャケットは、コロナ禍のリモート会議でも評判がよく、複数の方から褒《ほ》められました。画面を通しても、素材や仕立てのよさは伝わるものなんですね（依頼者）」

今回で3着目の依頼となったグレーのジャケットは、やはり80年代に依頼者のお父様がミラノで購入した、グッチのダブルブレスト。幸いにして、当時のジャケットとしては比較的コンパクトなシルエットで、ゴージ（上襟と下襟の接点にある、襟の切れ込み）の位置も高めで旬な風情です。

サルトからは「ダブルブレストですが、あえてボタンを留めず、リラックスした雰囲気で着こなしては」という提案を。

「ダブルのジャケットはほとんど着たことがなく、白のタートルニットにグレンチェックのパンツというコーディネートも、新鮮なアドバイスでした。

前回直したカシミアのツイードにしろ、今回のダブルブレストにしろ、多分、自分では選ぶことはなかった服ばかり。父の遺品に導かれたようなこの体験を、少し不思議な気持ちで楽しんでいます」。お直し代2万5000円。

「受け継いで着る」という想いを大切に

祖父の代から続く、植物化学を専門とした会社を経営する依頼者が、サルトでリフォームしたスーツは、これまでに10着以上。２０１５年に亡くなったお父様が遺したスーツを、ご自身で着られるようお直しされています。

「一企業として利益を生み出しつつ、その一方で常に社会貢献を考える経営者でありたいと願っています。そのひとつがＳＤＧｓへの取り組みです。

我が社では私の曾祖父が建てた大正初期の屋敷を改修し、迎賓館として研修等の場に活用しています。若い社員たちが百年以上前の建造物に触れ、その素晴らしさを口にするとき、『文化・伝統の次世代への継承』の大切さを実感します。

『今、あるものをいかに活かすか』をテーマとして仕事に取り組んできた私にとって、父のスーツを受け継ぐことは、ごく当たり前の選択。この気持ちを共有できるリフォーム店に出会えたのは、とても幸運な巡り合わせでしたね（依頼者）」

2010年

お父様の跡を継ぎ、社長就任。お父様は会長職に。この写真でお父様がお召しのスーツが、今回サルトでリフォームすることになったスーツ。

2021年

サルトで最初にリフォームを依頼した、5着のうちの1着。袖を通したとき、依頼者自身がフルオーダーしたかのようなフィット感に、驚いたという。

case **01**

亡き父への想いと作り手への敬意を込めてスーツを受け継ぐ

After

身幅・肩幅を詰め
袖丈・パンツ丈は出して。
シルエットを綿密に調整

Before

肩幅、身幅がゆるく、メリハリのないボックスシルエットである一方、袖丈、パンツ丈は短い。

Reform point

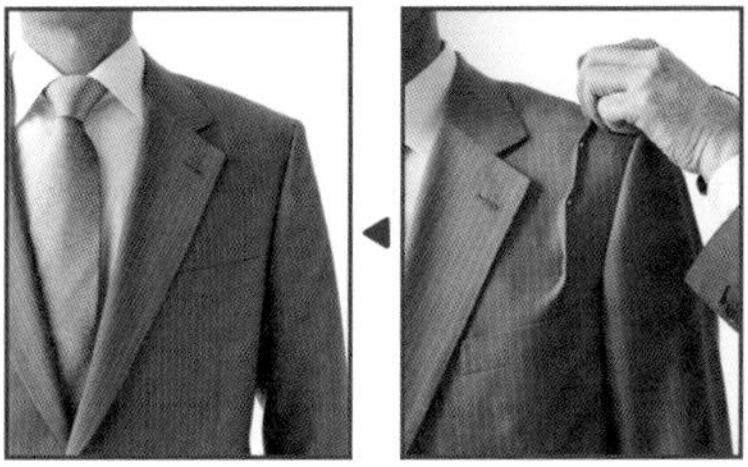

1 肩を修正し見た目も着心地もアップ

肩のラインを調整。肩幅を詰め、肩の継ぎ目をバラして中へ入れ込み、アームホールを縮小。

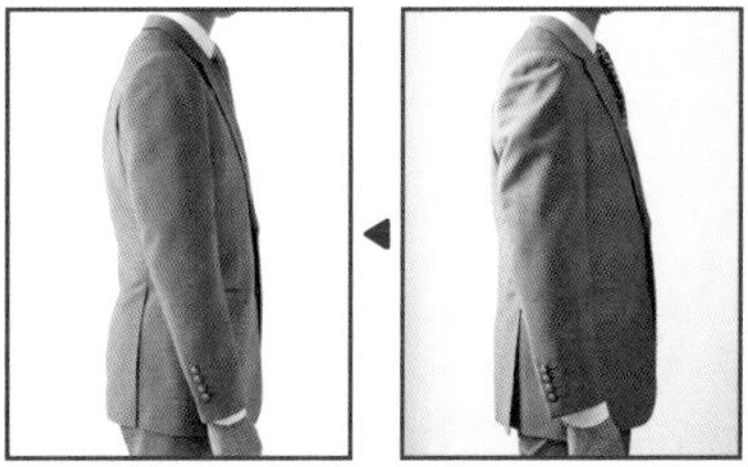

2 袖幅を修正し滑らかなラインに

左肩に比べ、右肩が少し落ちた体型に合わせ、肩山、袖のラインを修正。シワが消えた。

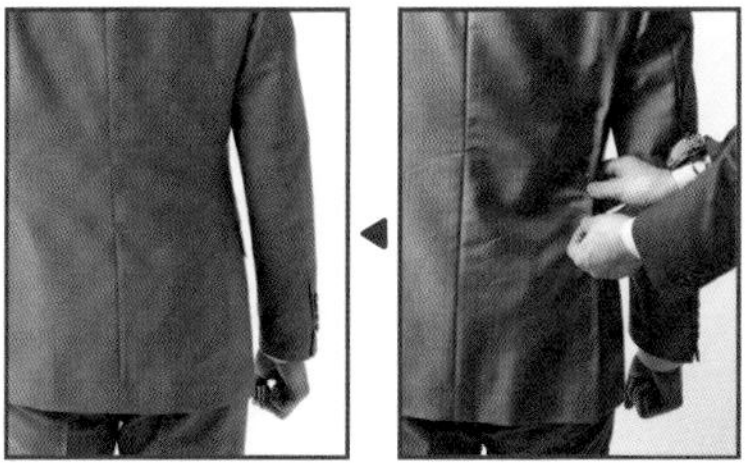

3 身幅を詰めてすっきり

胸回りからウエスト、ヒップにかけてのラインをコンパクトなシルエットに。

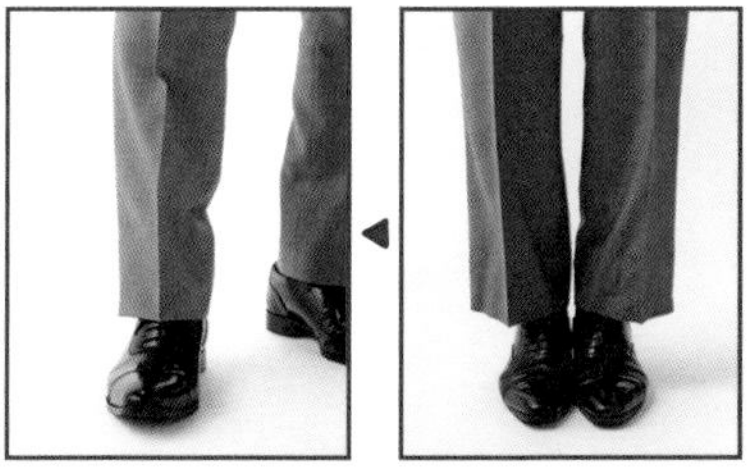

4 身長に合わせてパンツ丈を調整

短かったパンツ丈は、縫い代に別布を足し、いっぱいまで出すことで調整。ギリギリだった。

スーツが父の思い出を呼び覚ます。かけがえのない一着

依頼者がお父様から受け継いだ数十着のスーツのほとんどは、「英國屋」でオーダーされたものでした。実はサルトには、長らく「英國屋」でスーツを仕立てていた職人がいます。問題は依頼主との体格差。お父様より身長が5cm高く、しかも痩せているため、サイズ出しとサイズ詰め、2方向の調整が必要となりました。

「母はきちんとリフォームできるのかとても心配していました。父が遺したスーツのことが、余程、気がかりだったのでしょう。できあがって、まるで誂えたように自然な着心地に驚きましたね。このスーツを着ることで、私自身をはじめ、母や家族、社員たちが改めて父を想い、感慨深いです(依頼者)」。お直し代5万1700円(詳細は105ページ参照)。

case 02

亡き祖父愛用のジャケットを孫娘がリサイズ

ほぼすべてのパーツをバラして組み立て大改造リフォーム

Before

肩幅、身幅、袖丈、着丈と、オーバーサイズなのは一目瞭然。とはいえ、お祖父様がそれ程、大柄な方でなかったのは幸運だった。

After

Reform point

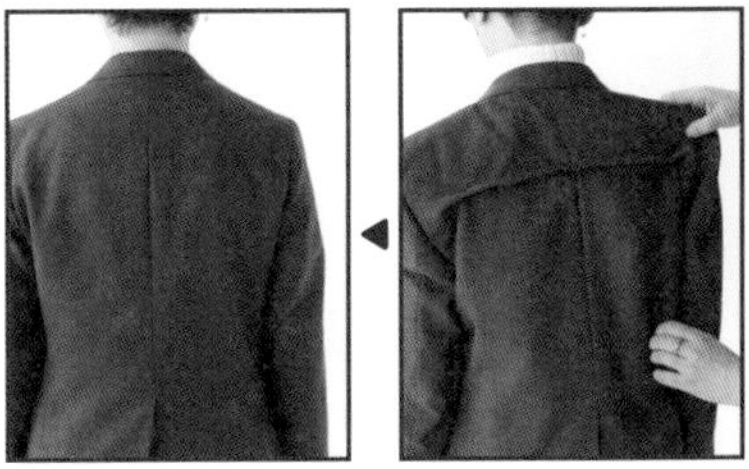

1 背中のシワ、肩幅、アームホール

肩の継ぎ目をバラして中へ入れ込むことで、アームホールが縮まり、さらに着丈も短く。

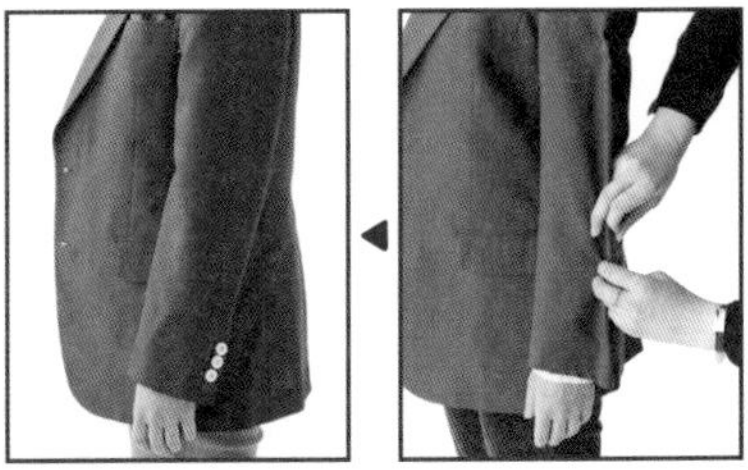

2 袖幅、袖丈の修正

細くなったアームホールに合わせ袖筒も肩から細く修正。肩の入れ込み分、袖丈も短く。

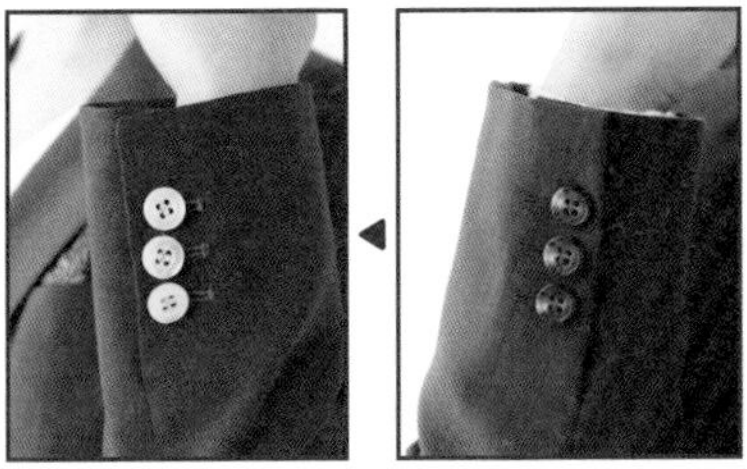

3 ボタンを替え、本切羽に

飾り切羽を、袖口を格上げする本開き仕様に。ボタンは白蝶貝に替えて、印象リフレッシュ。

背抜きの仕様はそのままに、裏地を替えた。本切羽の袖をめくれば、白蝶貝のボタンとあいまって、ストライプが爽やか。

本切羽から覗くストライプも洒脱。長く着られる一着に

お祖父様がオーダーし、愛用していたジャケット。小柄な方だったため、従兄弟たちにはサイズが小さく、依頼者の元に届けられたそうです。直しの範囲は、肩幅、身幅、着丈、袖丈、袖幅、さらに背中のシワを消すための反身補正。すべてのパーツをバラしての大改造となりました。ポイントは、ショルダーライン。アームホールや着丈、袖幅の詰めは、それぞれバラバラに対応すると考えがちですが、実際に鍵となるのは肩のラインです。肩の継ぎ目をバラして中へ入れ込むことでアームホールが縮まり、着丈や袖丈が短くなります。ゴージの位置が高くなって印象が若々しくなり、しかも自然なポケット位置のまま着丈を詰められるのもメリット。お直し代5万5000円。

祖父のジャケットが
トレンド感漂う
自慢の一着に

Reform point

右／前ページ同様、パーツはすべてバラしたが、裏地や生地メーカーのタグ、内ポケットの仕様などは踏襲。左／ツイードのチェックに金のボタンがシック。サルトから提案され、ぴったりのものを見つけてもらった。

通常、フェルトを付けることが多い地襟をスエードに。襟を立てたときに安定し、すっと美しいラインが生まれる。

サルトに頼んだのは「大切なジャケットだったから」

「直すならば本格的に、納得のいくリフォームを、と思っていました」という依頼者。複数のリフォーム店をネットで調べ、決して安くない金額のサルトに決めたのは、「大切なジャケットだったからです。単に古い服のサイズを直すと考えたら、高額かもしれませんが、フルオーダーでジャケットを買おうと思ったら、この金額では手に入りませんよね」。

仕上がったジャケットに袖を通したときには、身体に心地よくフィットするのに動きがラクなため、「最初から自分のために作ったジャケットなんじゃないかと錯覚した」そうです。「次の祖父の法事に着ていくつもりです。多分、親戚のみんなが喜んでくれて、話が盛り上がるのでは」。お直し代6万6000円。

case 03

窮屈になってしまったアンコンジャケット。パッパツ感をなくしたい

Before

素材と仕立てには満足していたものの、ボタンをしめると、お腹回りが少し窮屈だったジャケット。

ボタンをトグルに替えて
ループで留める仕様にチェンジ。
身頃にゆとりが生まれた

After

A 前ボタンデザイン変更

B 袖口デザイン変更

Reform point

上・左上／少し長めだった袖丈は詰め、その際に出た残布を使ってループを製作。「ほんの数cmの余り生地が、役に立つので、買った際に付いてくる生地は取っておく習慣をつけるといいですね（サルト）」。左下／別のコートから外したトグルを装着。

B

A

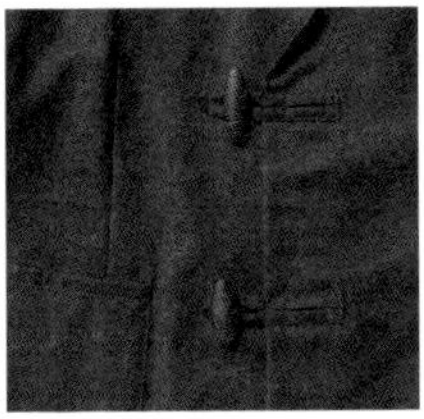

ここが変わった！

A ボタンホールは、あえてデザインの一部として、そのまま残すことに。**B** トグルのテイストに合わせて、袖には革のくるみボタンを選択。

ウエストの幅出しができない不自由さは、アイデアでカバー

太ってしまい、「ボタンを留めるとお腹回りのパツパツ感が気になる」という依頼者。通常ならば、脇から幅出しするところですが、このジャケットは脇の縫い代が少なく、幅出しができないタイプ。幸い、ビジネスシーンでの着用はないとのことでしたので、少し遊んで、他にはないデザインのジャケットにトライすることに。まずはボタンをトグルとループで留める仕様に替え、袖の仕様もテイストを揃えたデザインにチェンジ。「ウエストのサイズ感がちょうどよくなりましたし、トグルに合わせて袖口にボタンを付けたのが、とてもよかった。洋服を買った際、予備のボタン等を全部取っておいたのが、役に立ちました（依頼者）」。お直し代1万1000円。

case 04

手首が見える中途半端な袖丈をなんとかしたい

Before

コンパクトシルエットのツイードジャケット。八分袖が着回ししにくく、何となく窮屈そうに見えた。

レザーの折り返しがアクセントのフルレングスに

After

A 八分袖を長袖に変更

Reform point

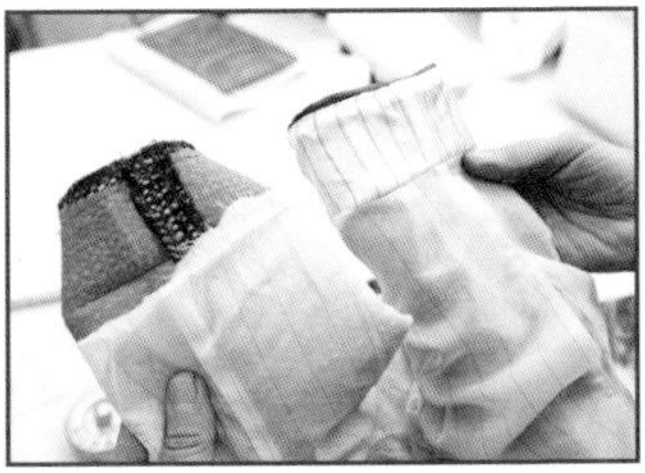

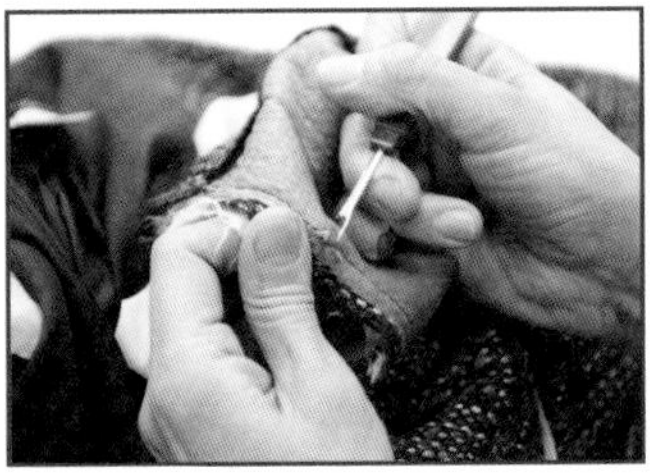

上／袖を裏返し、袖口をほどく。左上／裏地の不足分はストライプの生地を足すことに。左下／型紙を起こし、カフス風に仕立てたレザーパーツを袖口に仮止めした後、縫い付けていく。異素材の特性を考慮しながらの作業。

A

ここが変わった！

A 袖口に付け足す裏地は、脱いだとき見える背中の裏地と調和し、ボタンやパイピングに使われているレザーの質感にも馴染む色柄をセレクト。

着回しやすい英国風カジュアルジャケットに

ツイードの風合いが気に入って購入したジャケットは「半端な八分袖がコーディネートしにくく、ほとんど着る機会がなかった（依頼者）」という一着。幸い、袖口をほどいて、縫い代をいっぱいまで伸ばすことで、袖丈は確保できましたが、「せっかくなら、もう少し遊び心を出してみては」という提案をしました。

もともと、ポケットにはレザーのパイピングが施されており、ボタンは革のくるみ仕様。そこで、袖口にも質感と色を合わせたレザーをあしらい、ターンナップカフ風に仕上げてみました。「着やすさが格段にアップしたうえに、重い印象のツイードがスポーティな印象に。カジュアルにも着こなしやすくなりました（依頼者）」。お直し代1万1000円。

case 05

定番ステンカラー2着を合体させて、ヒネリの効いたコートにしたい

Before

ほとんど着なくなってしまった2着のコート。現状ジャストサイズのネイビーをベースにリメイク。

襟とスリーブストラップを移植し、チェックが効いた個性派コートに

Reform point

襟の大きさはコートによって微妙に異なるため、サイズ調整した後、付け替える。極端に大きさが違う場合は、襟を作り直すなど、別の作業が必要となる。

B

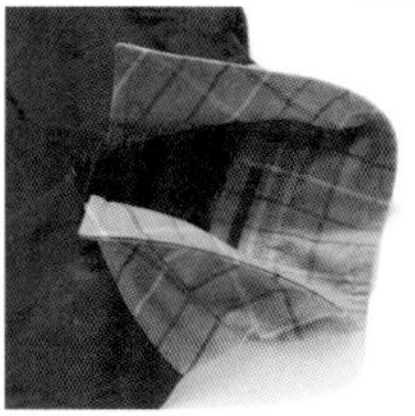

A

ここが変わった！

AB ドナーとなったチェックのコートから、襟とスリーブストラップを外して取り付けた。ポケットの移植や裏地の交換もアイデア次第で可能。

他にはない遊び心と丁寧な仕上がりで満足な一着に

ステンカラーコートがお好きな依頼者が、数年前、かなり太っていたときに購入したのが、チェックのコート。今はオーバーサイズなため着られませんが、素材と柄が好きだったため、捨てずに持っていたそうです。もう一着のネイビーは、かなりのお気に入りでしたが、「今の気分ではなくなってしまった」のだとか。そこで、ネイビーのコートをベースに2着をミックスさせて、オリジナルコートを製作するという依頼でした。

「なかなか見ないユニークなコートになったと思います。ふたつのコートのサイズが違うので、襟の付け替えなど難しいかなと思っていましたが、細部にわたり丁寧に仕上げていただけて満足しています（依頼者）」。お直し代1万9800円。

case 06

もう着ることのないファーのコート。捨てられません……

Before

80年代に大流行したミンクのコートは、"タンスの肥やし"の代表格。かわいそうで捨てられません。

襟や身幅のボリュームを抑えて、ジレに。袖などの余った素材はバッグにリメイク。

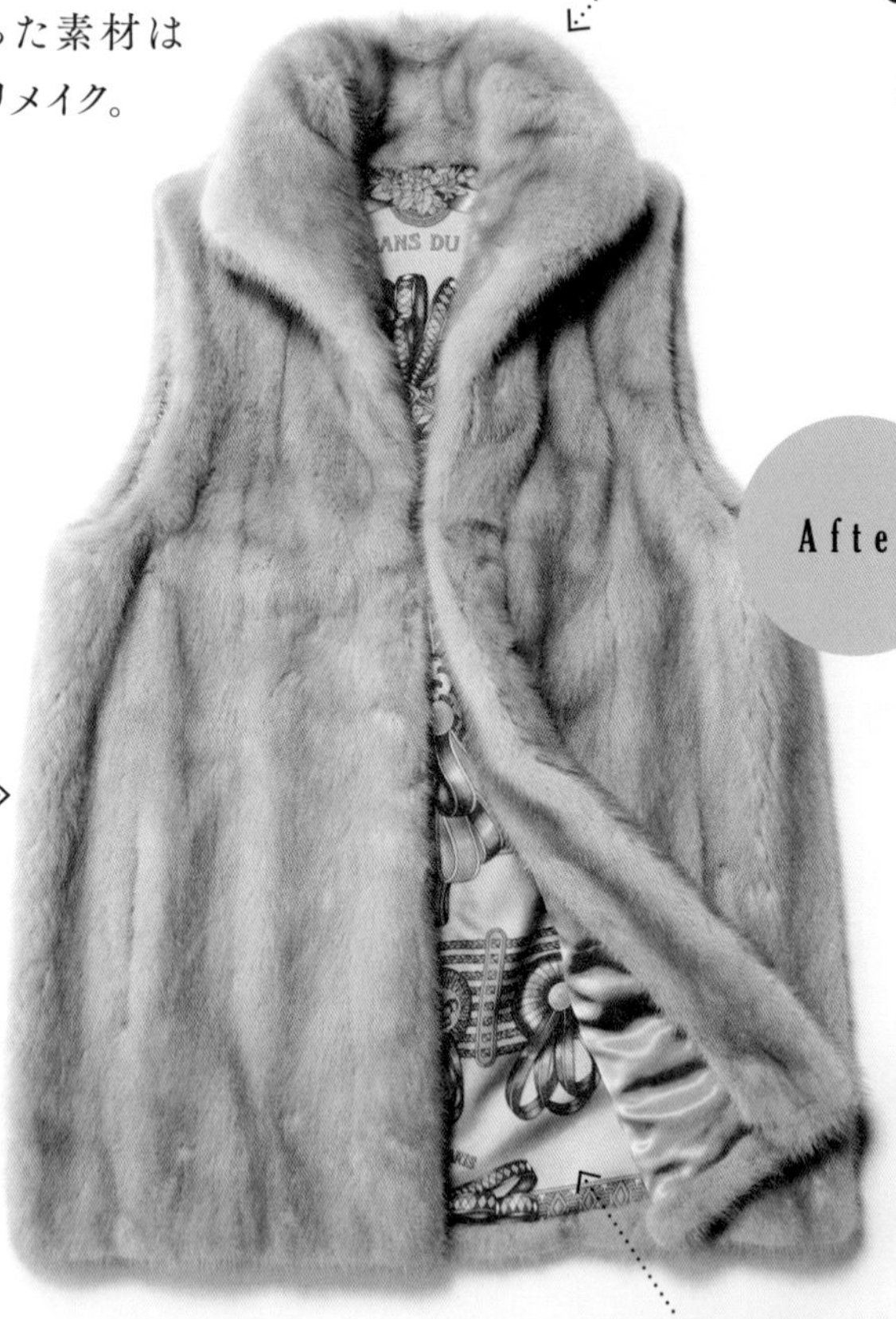

Reform point

たっぷりした袖をカットし、余ったファーをいっぱいに使って、バッグを製作。巾着型にして革紐を通すシンプルなつくりなら比較的手軽に。製作費３万3000円。

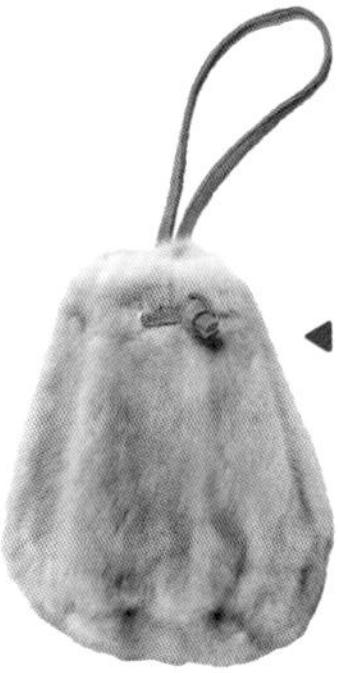

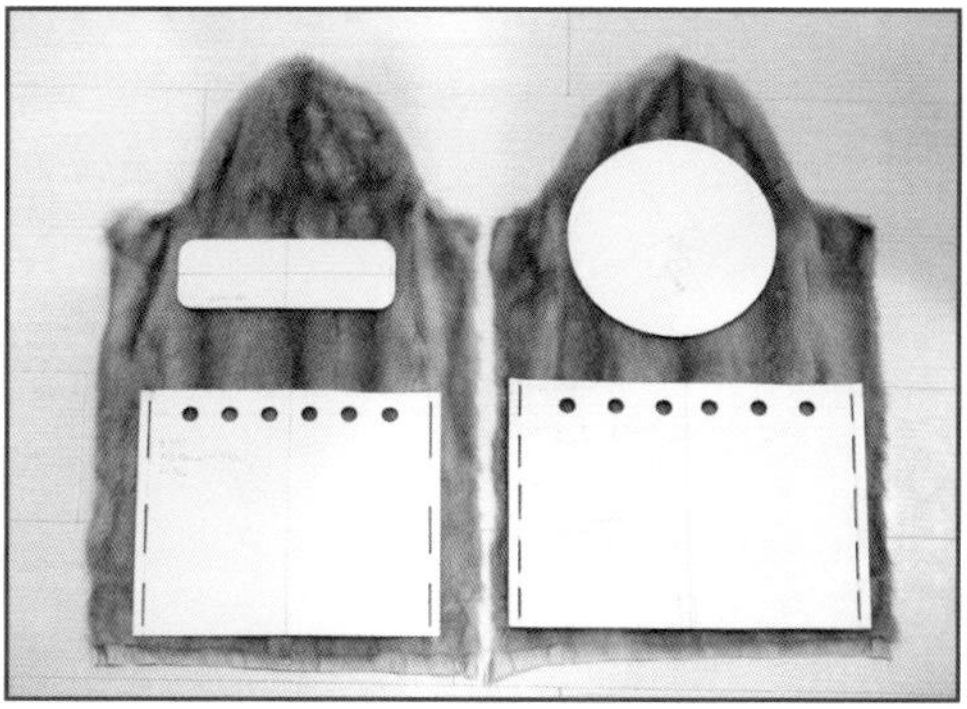

A 襟は、立てても程よい大きさに。**B** 依頼者が持参した「エルメス」のスカーフを裏地に使用。脇や裾からちらっと見えるピンクが華やか。**C** お揃いのバッグと。

C

ここが変わった！

B

A

いずれ娘に譲ってあげられる。これもひとつのエコのかたち

依頼者のクローゼットの片隅で、たっぷり30年以上は邪魔になっていたというミンクのコート。実はここ数年、同じような時期に購入したファーコートのお直しが増えています。毛皮製品は手入れと保存状態さえよければ、とても長持ち。高価だからという理由だけでなく、リメイクしながら世代を超え受け継いでいくのに、とても適した素材です。

劇的な変化で、トレンドにもマッチしたリフォームなら、「ジレ」がおすすめ。とはいえ、大きな襟や広い身幅、半端な着丈、深い合わせ等々、お直しする箇所は多岐にわたります。「毛皮製品の是非を問う声もありますが、持っているものは大切にしたい。これもエコなのでは（依頼者）」。お直し代8万8000円。

case 07

モード感が強い半袖コート。もっと気軽に着こなしたい

Before

モードなデザインと、アンゴラの素材感に惹かれて購入したが、半袖は想像以上に使いにくかった。

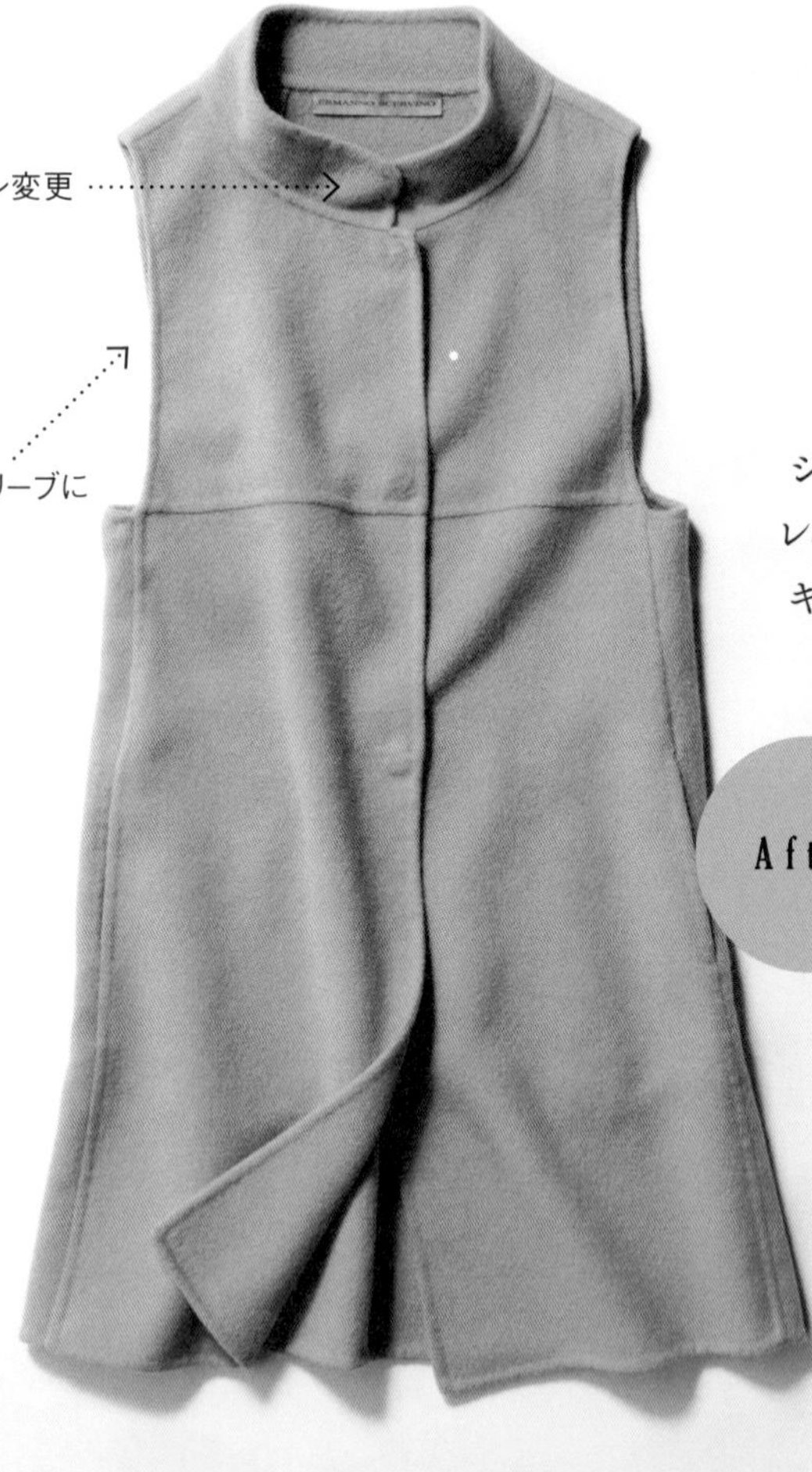

A 首回りデザイン変更

B ノースリーブに変更

ジレにチェンジしてレイヤードスタイルのキーアイテムに昇格

After

Reform point

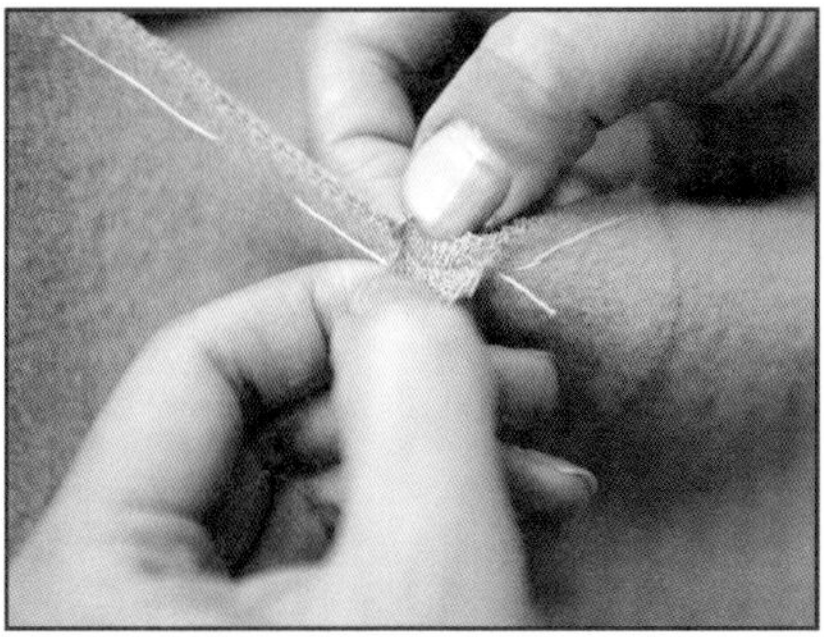
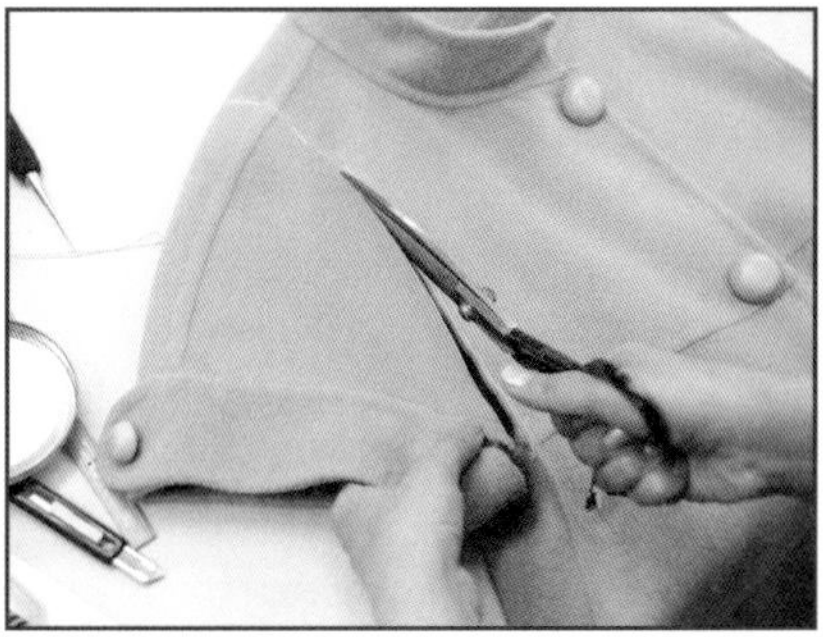

右／ジレにするため、ノースリーブにカット。このラインの決め方も、センスが表れるポイント。
左／ここ数年、トレンドとなっているアンゴラのダブルフェイス素材。ミシンが使えず、工程のほとんどが手作業のため、お直しできる店は限られている。薄い2枚のアンゴラをごく細い糸でつなげた生地を、縫い代分だけ端から剥がし、かたちを整えた後、手まつりしていく。

B

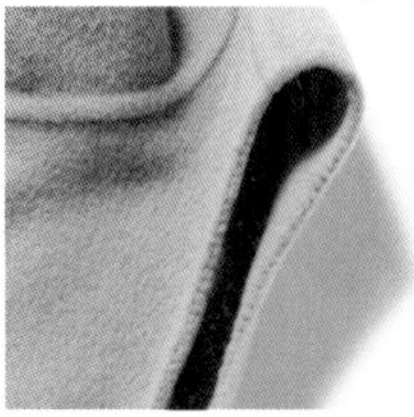

A

ここが変わった！

A 襟の打ち合わせをなくし、ボタンも取って、シンプルなスタンドカラーに。**B** 難しいダブルフェイスの生地の端処理も、熟練した職人技で対応。

ミニマルなデザインで着回し自在なロングジレに

依頼者は、60年代風のデザインとアンゴラのあたたかさ、軽さが気に入り購入したものの、想像以上にモード感が強く、手持ちの服とコーディネートしにくかったそう。さらに半袖のため、着用期間が限定的だったのも、不満のひとつでした。

まずはレイヤードスタイルで重宝する、ジレへのリフォームを決定。ハイウエストの直線的な切り替えとマッチするラインで袖をカット。襟の打ち合わせをなくし、プレーンなスタンドカラーにすると同時に、ミニマルなデザインにこだわって、ノーボタンに。「他のアイテムと合わせやすくなったうえに、アウターとしてだけでなくコート下にも着られるため、一気にヘビロテアイテムに昇格しました（依頼者）」。お直し代1万9800円。

case 08

オーバーサイズのビーバーのジャケットを気軽に日常使いしたい！

着丈を詰め、袖は八分に。
今どきのコンパクトな
フォルムが魅力の一着

Reform point

長めだった袖は、バッサリと15cm程カット。軽やかさを出すため八分丈に。着丈も７cm短くした。

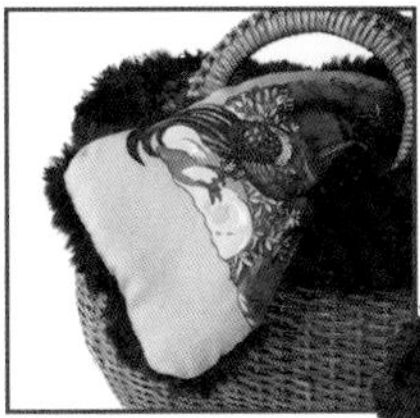

カットした袖と裾を活用し、52ページのかごバッグのお着替え「冬バージョン」。製作費１万6500円。

バッグの飾りパーツも！大切な素材を使い切りました

80年代に依頼者の母親が購入したビーバーのファージャケット。通常のファーとは異なり、柔らかな綿毛だけをニット状に編み込む製法でつくられています。着丈、袖丈ともにかなりのオーバーサイズでしたが、つくりの特殊性から長い間リフォームをあきらめていたそうです。

着丈を詰め、思い切って八分丈の袖にすることで、軽やかな印象に。また、かなり広めだった身幅と太い袖筒は、あえてそのまま残すことで、Aラインのマント風シルエットに生まれ変わりました。また、ダブルだった合わせは、ホックを外してノーボタン仕様に。さらっと気軽に羽織れます。さらに余ったパーツはバッグの飾りに再々利用しました。お直し代３万３０００円。

case 09

コートのライナーにフォックスのリアルファー。再利用できますか？

表地はギャバジン。ライナーは毛足をカットしたフォックス。オーバーサイズで着られない。

本来、表に出なかったライナーを活用してワンマイルウエアに

Reform point

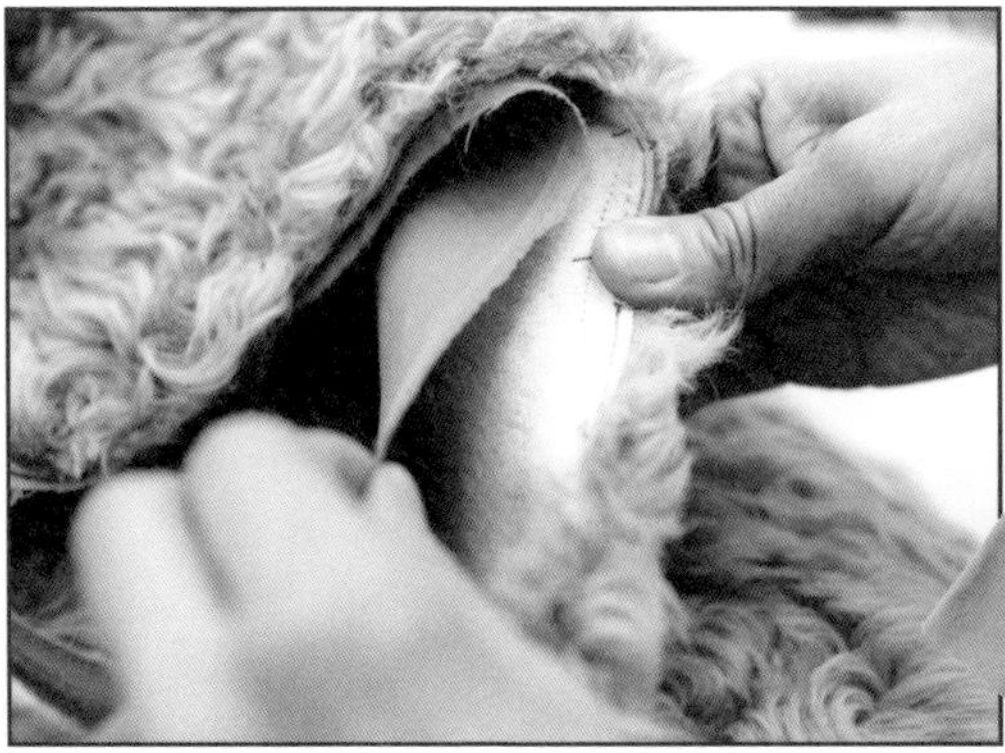

パーツを一度すべてバラバラに。消耗具合もこの工程でチェック。幸運なことに、ほとんどダメージはなかった。

お直し前のライナー。表地に縫い付けられてはおらず、2枚重ね着しているような構造だった。

袖の裏地を取り、ファーの端の始末を。アームホールがかなり大きいが、依頼者との打ち合わせの結果、今回はコスト優先のお直しということに。

コストとの兼ね合いで落とし所を見つけたお直し

「リフォームした後、どういうシーンでお召しになるご予定ですか?」。この問いは、とても重要です。このコートの依頼者は、「ファーがもったいないから、なんとかしたい」とは思っていたものの、特に外出着として活用することは考えていなかったそうです。「おしゃれに着たい」のなら肩幅や身幅、着丈等、直す箇所は複数ありますが、「とりあえず着られるように」するのが目的なら、最小限のお直しで、コストカットするのもひとつの考え方。結果的に、ライナーのファーを裏返して表とし、裏地を付けて端の始末をするだけの、ごく簡単なリフォームに落ち着きました。「ワンマイルウエアとしてなら充分満足です（依頼者）」。お直し代1万6500円。

case 10

お気に入りのカシミアセーターの肘が薄くなってしまいました

Before

ジョン・スメドレーのカシミアセーターは、お気に入りだけに消耗が心配。「早めにケアをしたい」

チェックのエルボーパッチと
襟元にもアクセントを。
「リペア」に見えないおしゃれ感

Reform point

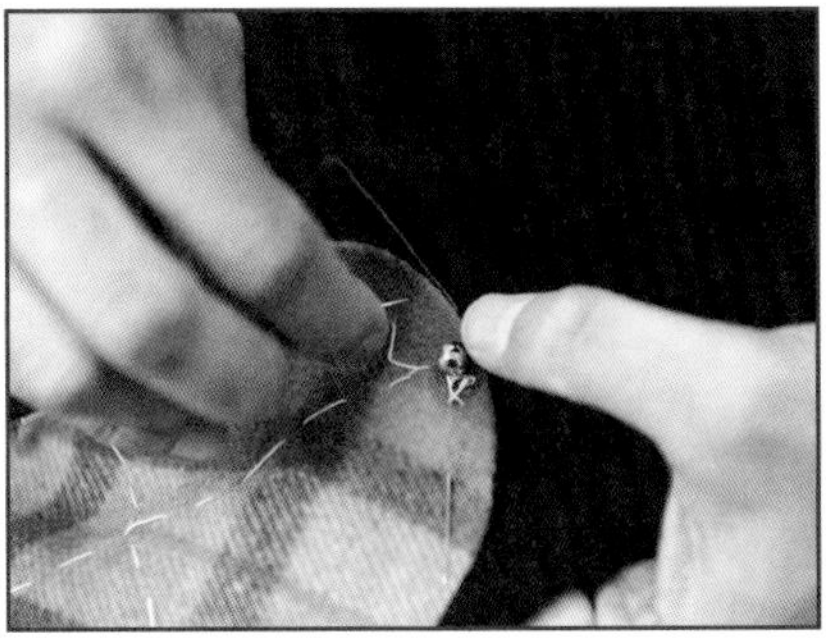

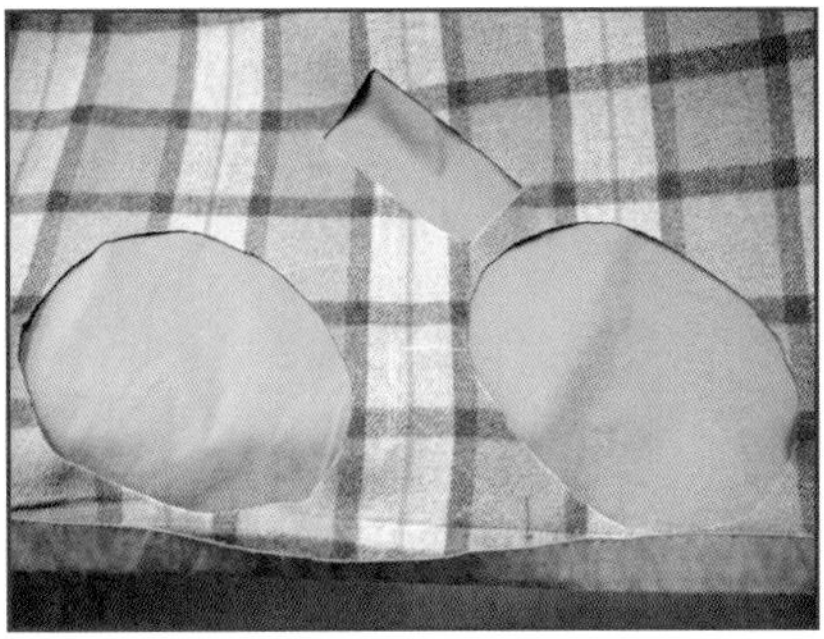

右／パッチにする生地を縫い代1cm込みでカット。チェックをあえてバイヤスに使うのは、ニットの伸縮にも沿わせやすいから。襟元の飾りも切り抜いて。左／パッチの詳細は77ページを参照。

B

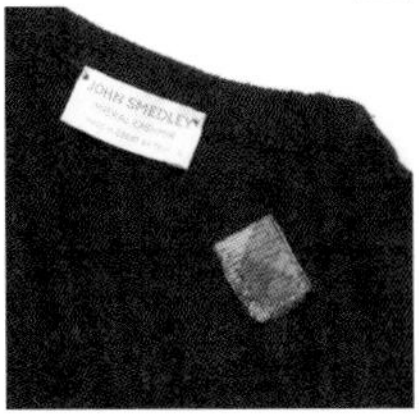

A

ここが変わった！

A チェックをバイヤスに使用することで印象も垢抜ける。**B** 襟元にもアクセントとして、チェックをあしらった。

「もうひと工夫」の実現も「お直し」の醍醐味です

服に限らず、家具や食器など、お気に入りのアイテムは、できれば「長く、きれいに使いたい」もの。今回の依頼者も、「これからも長く着たいセーターだから、薄くなってきた肘部分の補強をしておきたい」というオーダーでした。

肘部分のリペアといえば、エルボーパッチが代表格。ネイビーのセーターならば茶のスエードがぴったりですが「着なくなったコートの裏地は使えますか？」と依頼者。さらに「エルボーパッチだけではおもしろくないので、同じ布を襟のフロントにアクセントとして付けてください」とのこと。結果、アウトドア風ではあるものの、ラフすぎず、ちょうどいいおしゃれ感を備えたセーターに仕上がりました。お直し代1万1000円。

case 11

30年前のワンピース。素材も仕立ても素晴らしいのですが……

After

白襟を外して
ボウタイを付けたら
トレンドブラウスに変身！

Before

白襟とローウエストの切り替えが特徴のワンピース。上質なシルクシフォンの生地に傷みはなかった。

Reform point

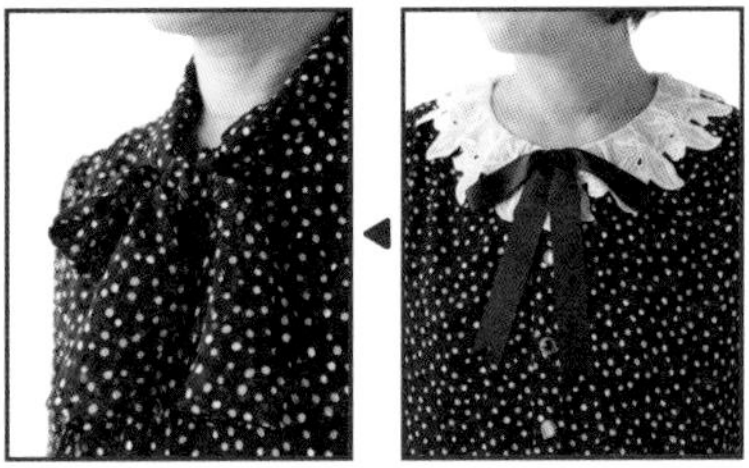

1 白襟を外してボウタイに

カットレースの白襟を外し、スカートの生地でつくったボウタイを。立体感ある襟元に。

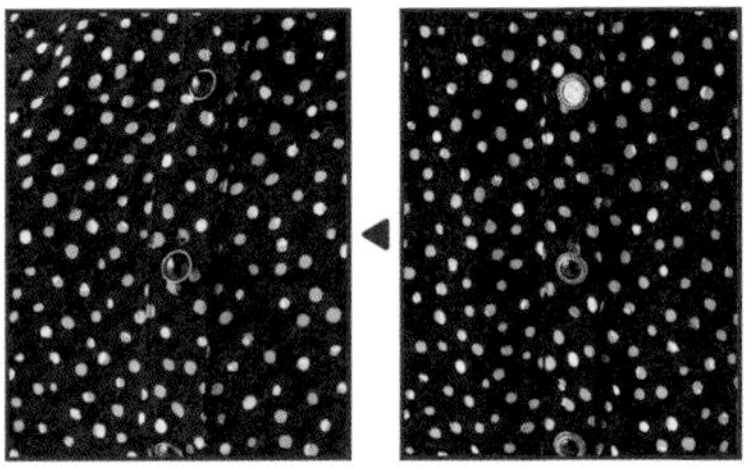

2 欠けていたボタンを新しく

まったく違うタイプのボタンも検討したが、クチュールテイストを残した。

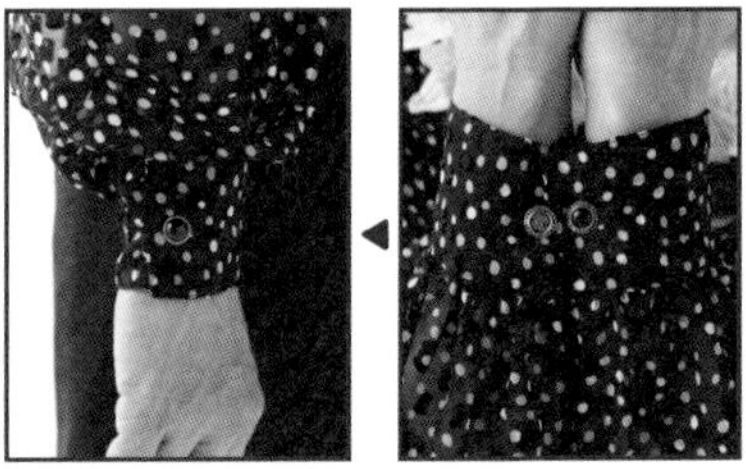

3 袖口のボタンもチェンジ

手首にぴったり沿う上品な袖口には、クラシカルなボタンが似合うと判断。

ボトムにインして着るのがベストだが、オーバーブラウスとしても活用できる、絶妙な着丈に。

想い出が詰まった、まさにプライスレスな一着に

80年代に依頼者が両親から買ってもらったという「KIMIJIMA」のワンピース。レースの白襟やリボン、ウエストの切り替えなど、いにしえの雰囲気漂う一品ですが、仕立てがよく、何より生地自体にまったく傷みがないため捨てられず、保管していたそうです。

肩のラインなど、上半身は修正の必要がなかったため、スカートをカットしてブラウスにリフォーム。余った生地でボウタイをつくり、中途半端だった首回りの開きも改善しました。破損していたボタンは似たタイプのボタンを探してクチュール感をキープ。「ベーシックだけどトレンドも感じさせる一枚に。お直ししたことを母が喜んでくれたのも嬉しかった(依頼者)」。お直し代2万2000円。

「好き」だからこそ
あきらめずにリメイク！

**「サイズが合わなくなった」「あまりにも消耗が激しい」アイテムも
アイデア次第。「リフォーム」という言葉に囚われず
「新しいものを創る」という発想に、頭を切り替えてみては。**

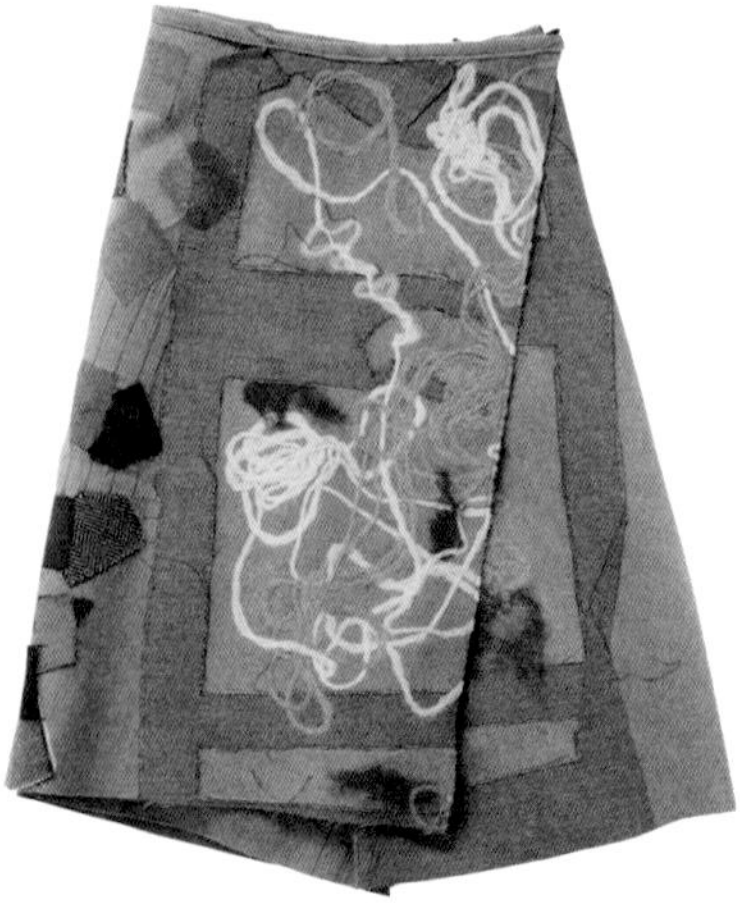

Before

**お気に入りのスカートを
もう一度はきたい！**

After

太って、はけなくなってしまった巻きスカート。幅出しするだけの生地のゆとりがなかったため、２色の生地でプリーツをあしらい、短めだった丈の悩みも同時に解決した。個性的なデザインに依頼者らしさが加わって、さらにパワーアップ。お直し代３万3000円。

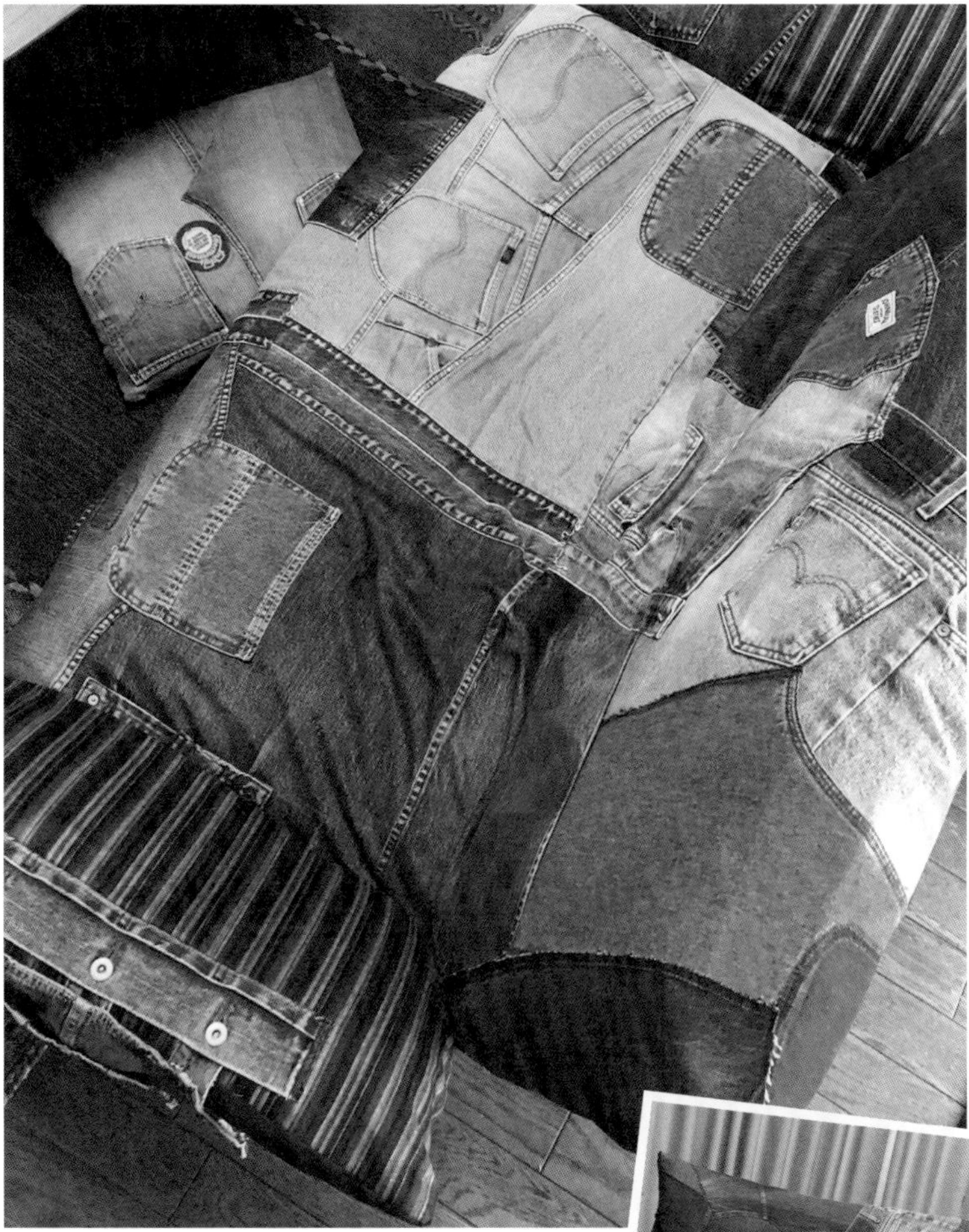

長い時間を一緒に過ごした
大好きなデニムで寛《くつろ》ぎたい

長年愛用し、「どうしても捨てられない」デニムを使って、ソファカバーを製作。複雑にパッチワークされているように見えるが、実はベースとなるソファカバーに、デニムを重ねるようにアップリケしてつくられている。参考商品。

case 12

出番をなくした「エルメス」のスカーフ。なんとか活用したい！

Before

柄や発色は素晴らしいのだけれど、「素材のハリと正方形の形状が使いにくい」のが依頼者の悩み。

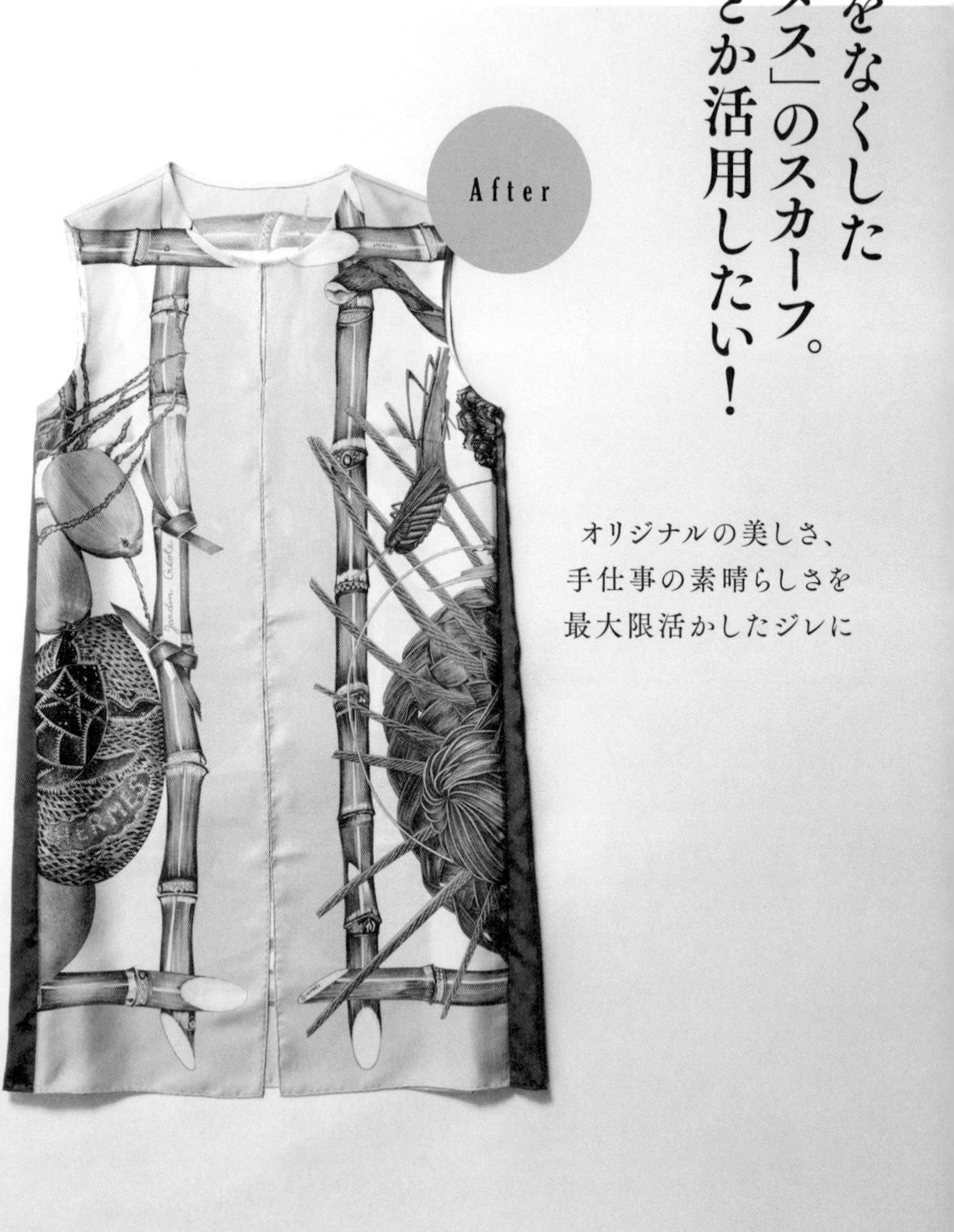

After

オリジナルの美しさ、
手仕事の素晴らしさを
最大限活かしたジレに

郵便はがき

料金受取人払郵便

小石川局承認

1043

差出有効期間
2022年6月27日まで
切手をはらずにお出しください

112-8731

東京都文京区音羽二丁目
十二番二十一号

講談社エディトリアル 行

ご住所	□□□-□□□□		
(フリガナ) お名前		男・女	歳
ご職業	1. 会社員　2. 会社役員　3. 公務員　4. 商工自営　5. 飲食業　6. 農林漁業　7. 教職員 8. 学生　9. 自由業　10. 主婦　11. その他（　　　）		
お買い上げの書店名	市 区 町　　書店		
今後、講談社より各種ご案内などをお送りしてもよろしいでしょうか。 送付をご承諾いただける方は○をおつけください。	承諾する		

TY 000015-2004

愛読者カード

今後の出版企画の参考にいたしたく、ご記入のうえご投函くださいますようお願いいたします。

本のタイトルをお書きください。

a 本書をどこでお知りになりましたか。

1．新聞広告（朝、読、毎、日経、産経、他）　2．書店で実物を見て

3．雑誌（雑誌名　）　4．人にすすめられて

5．書評（媒体名　）　6．Web

7．その他（　）

b 本書をご購入いただいた動機をお聞かせください。

c 本書についてのご意見・ご感想をお聞かせください。

d 今後の書籍の出版で、どのような企画をお望みでしょうか。
興味のあるテーマや著者についてお聞かせください。

ご協力ありがとうございました。

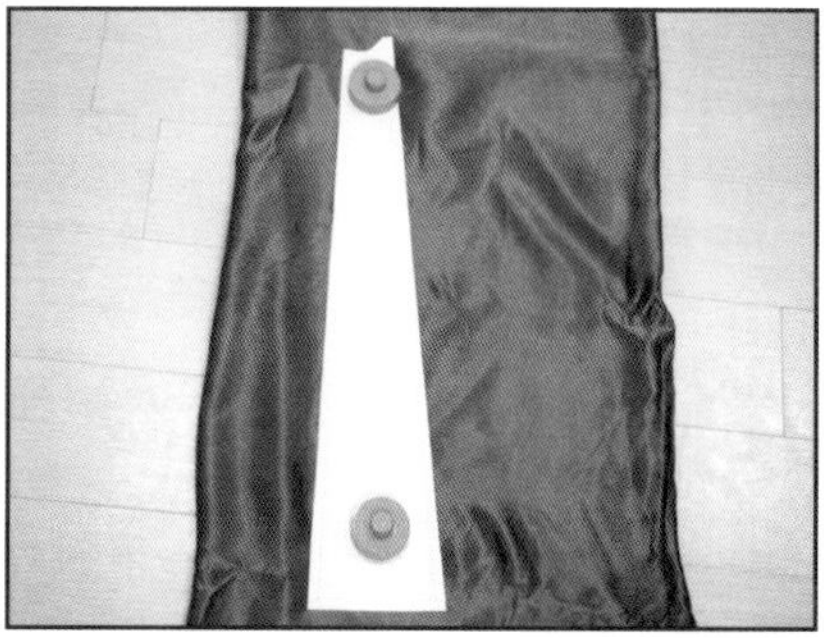

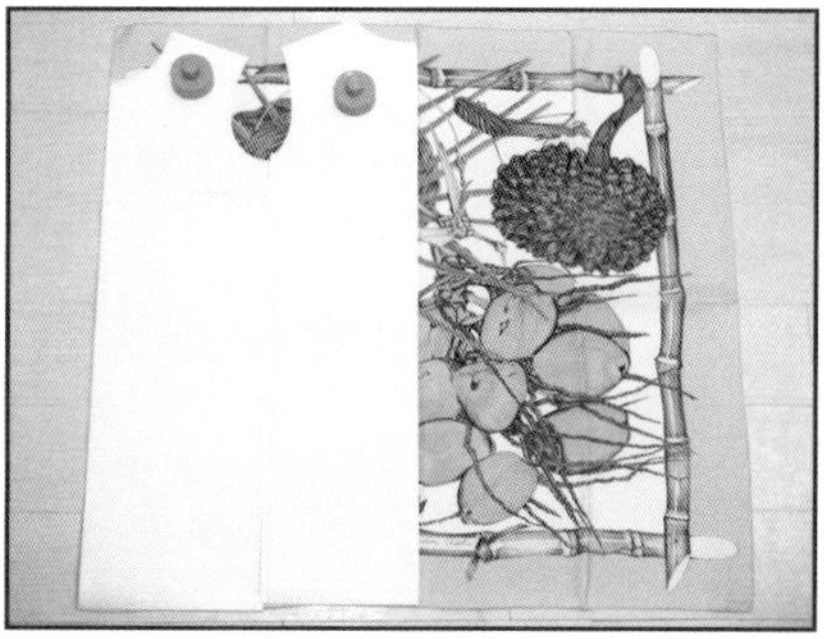

右／パターンは、スカーフをできるだけ活かすかたちで考案。布をカットするのはネックラインと袖ぐり、肩ラインのみ。左／身幅が足りない分は、馴染むカラーの同素材を脇に足してアクセントに。

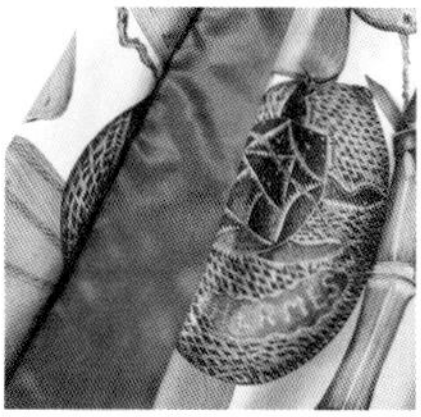

右／端布を裏から巻き上げ、フレームと同じ色の糸が見えないようかがられている。中／脇の仕立て。左／綾織り独特のハリ感が美しい。

オリジナルをリスペクトしたシンプルなパターンが秀逸

インターネットを検索するとスカーフのリフォームプランが、かなりの件数でヒットします。それを知ってなお、依頼者がリフォームに踏み切れなかった理由は、「エルメスのスカーフの素晴らしさを、活かしきれていない気がして」だったといいます。サルトが提案するジレへのリフォームは、できる限りオリジナルの素晴らしさを活かすことに主眼を置いた、シンプルな工法。そもそも、スカーフに裏地を付けることもなく、一枚のジレに仕立てられるのは、「エルメス」の綾織りならではの、しなやかさとコシがあるから。「まるで一幅の絵画のように美しいシルクスクリーンの技術とセンスが、100％活かされたジレですね（依頼者）」。製作費5万5000円。

お気に入りのスカーフを「着る」という選択

数十cm四方の正方形に、ひとつの世界観を映し描いたスカーフは、一枚で完成されたアート。その技術と感性を最大限活かしつつリメイクしたアイテムには、唯一無二の存在感が漂います。

Back

大判スカーフの美しさを存分に活かしたシャツワンピースに

「エルメス」の大判（140×140㎝）スカーフをリメイク。スタンドカラーと、ボタンをひとつ付けただけのミニマルなデザインは、フレームの美しさを活かした比翼《ひよく》仕立て。背中を彩るプリント、ヨークや脇の柄行き等々、絶妙な配置。

顔映りのよい アクセントカラーを 選ぶのも楽しい一着

個性的なマリンブルーのシルクを襟元とバックスタイルに組み合わせたプルオーバー。新たに布を足す場合、プリントに使われた色の中から選ぶのが一般的だが、あえて強いカラーを合わせることで、依頼者の個性が際立つ。

Back

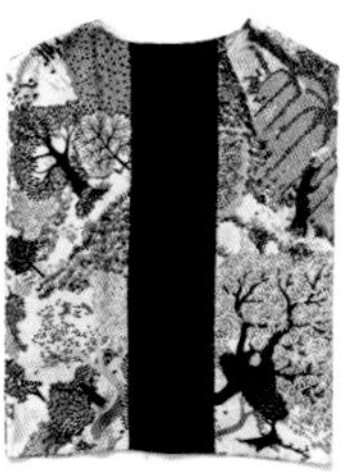

Back

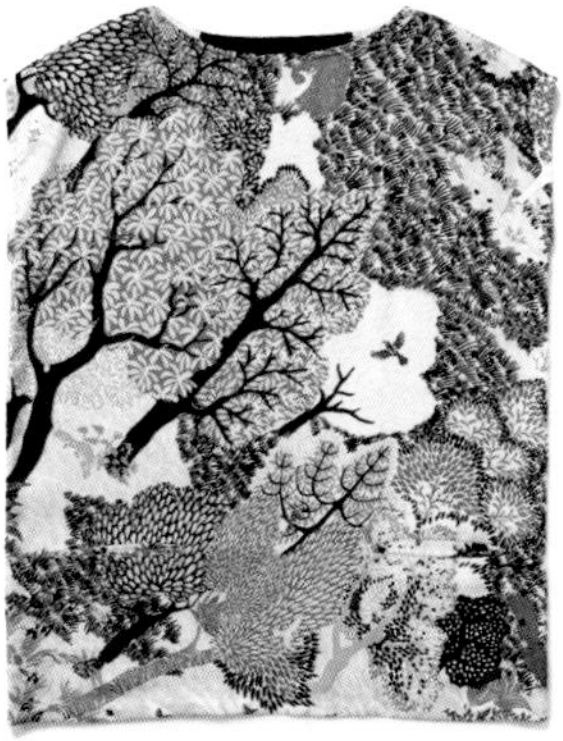

ボディラインを拾わない、 フレンチスリーブ のブラウス

フレンチスリーブのブラウスは、平面仕立てにもかかわらず、袖を通すとふんわり丸みを帯びたシルエットに。フロントの左右にはポケットが付けられている。ボディラインを拾わず、涼しく着られる嬉しい一着。

まだまだある! スカーフの活用法

長方形のストールが主流になった今、少々使い勝手が悪い正方形スカーフを、「エルメス」のロザンジュのようなひし形ストールにするのはいかがでしょう。さらに生地が余ったら、ポケットチーフをつくっても。ブラウスのプリント地をパッチワーク風につなげて、長方形のストールにすることも可能です。生地が足りなければ、テイストの違う2枚を合わせて、ダブルフェイスのストールにしても。シルク同士を貼り合わせるほか、カシミアやウールなど、異素材との組み合わせも素敵です。

さらに余った端切れを活用したいなら、くるみボタンをつくってみては。端切れの、どの部分を使うかで、全然違った雰囲気のものができあがります。キットは100円ショップでも購入できます。

case 13

誰もが持っているかごバッグ。ブランド物に負けない存在感がほしい！

Before

依頼者は、かごのシルエットが気に入って購入したものの、「地味なのでスカーフで飾りたい」。

使わなくなったシルク
スカーフを内袋に。
華やか＆リュクスな一品に

After

写真上・左／もともとインナーバッグに使用されていたのは、ココアブラウンのコットン素材。シルクのスカーフ１枚だけでは、内袋としての耐久性に欠けるので、オリジナルを裏地として再利用。かごに直接触れる部分に敷き詰めるように縫い付けた。スカーフは、持ち込まれた数枚から、バッグの雰囲気に合ったボタニカルプリントをチョイス。縁《ふち》取りの冴えたイエローに合わせて、紐をセレクト。紐の先に付いていた革のパーツも、汚れを取り再利用した。

「エルメス」のスカーフで華やか！ 強度を補強し、実用性も両立

本来カジュアルなアイテムである「かごバッグ」ですが、ラグジュアリーブランドからも続々と発売され、年々、活躍のシーンが広がっています。依頼主のバッグは比較的硬めに編まれた、ぷっくりとしたフォルムが特徴。ほとんど未使用の、「エルメス」のスカーフ数枚を一緒に持ち込んでのオーダーでした。

ごく簡単なリフォーム法として、スカーフを細くカットし、ハンドルに巻きつけるプランも検討しましたが、「ハンドル部分が硬いのでずれそうだし、生地が擦り切れてしまうのでは」ということで、却下。内袋を解体し、表に見える部分だけにスカーフを使うことに決定しました。さり気なく、人目を惹きつける高級感が漂って。お直し代４万４０００円。

自由な発想で
自分だけのアイテムを作る

**ジャケットからバッグに、バッグからウエアに。
自由自在なリフォームを提案。「なんとかして活用したい」という
想いを実現する、サルトのアイデアと技を紹介します。**

**「あのジャケット」を
トランスフォーム!**

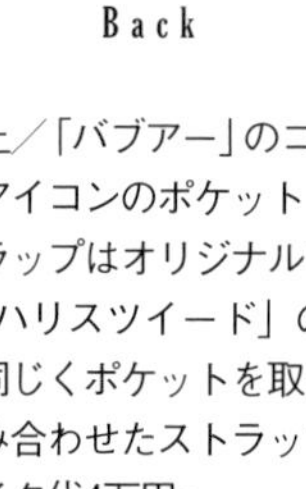

Back

上／「バブアー」のコートをリメイク。アイコンのポケットを合体させ、ストラップはオリジナルで製作した。左／「ハリスツイード」のジャケットから同じくポケットを取って。レザーと組み合わせたストラップにも注目。リメイク代4万円～。

「エルメス」を購入した際、バッグが入れられている保管用布袋3枚が元素材。乗馬が趣味の依頼者が所有していたライディングベストからパターンを取って製作。ブランドロゴがアクセントに。リメイク代8万円〜。

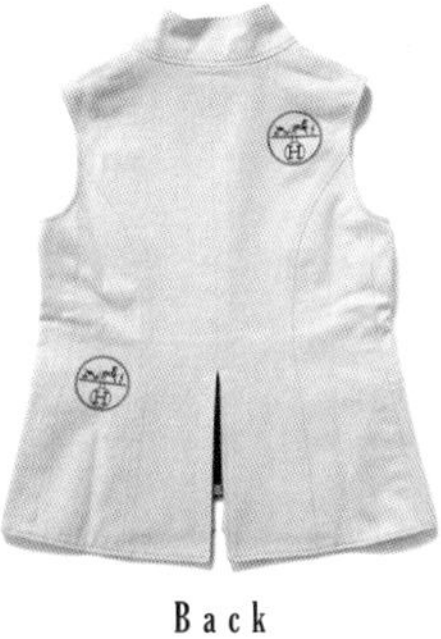

Back

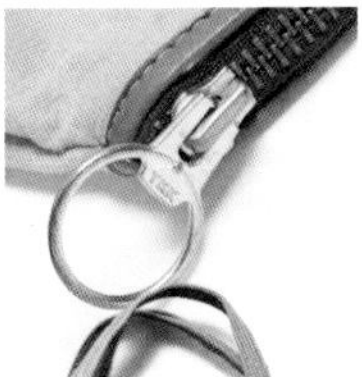

ブランドの保管用布袋を使ってオリジナルアイテム

「J. Barbour and Sons」のガーメントバッグをリメイク。底部分のグリーンの合皮やパイピング等は、ほぼそのまま活かしたデザインだが、ボストンバッグ型にしたことで活用頻度が格段にアップした。リメイク代3万円〜。

「エルメス」の布袋を利用。原型をほぼそのまま活かしたが、底にハラコを使ったことで上質感が。レザーのハンドルはブランドロゴのカラーに合わせて。裏地を付けて強度を補っている。リメイク代1万5000円〜。

case 14

長年愛用して傷んだローファーをよみがえらせたい

Before

長年履き込んだ、お気に入りのタッセル・ローファー。サイドのひび割れたような裂傷を直したい。

After

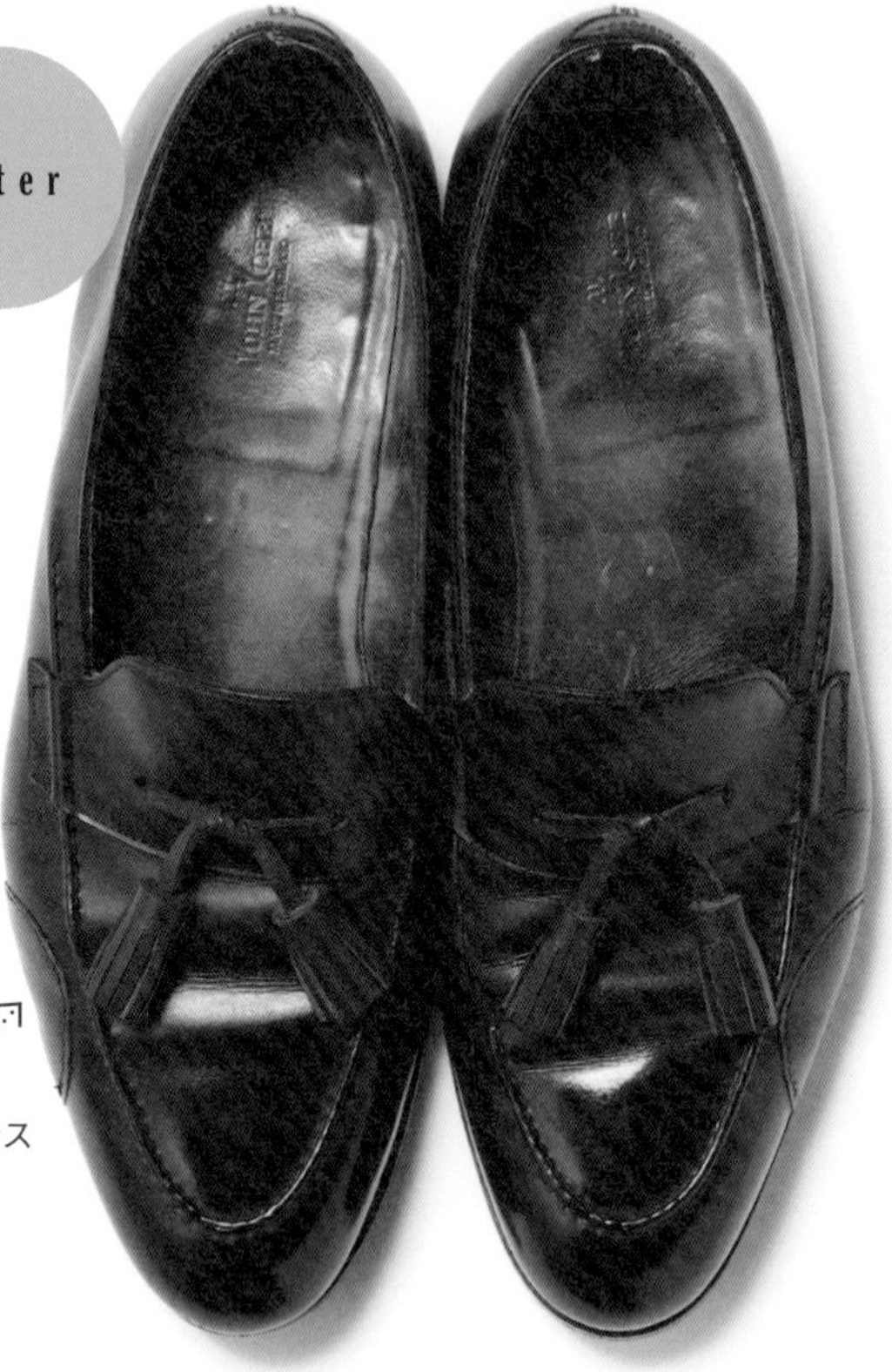

A パッチをプラス

サイドの亀裂を
デザインの一部のような
パッチワークでカバー

Reform point

右／今回のオーダーのために染めた革パーツが靴全体と違和感なく馴染むか確認。左／革のパーツをカットし、段差を解消するため薄くする。

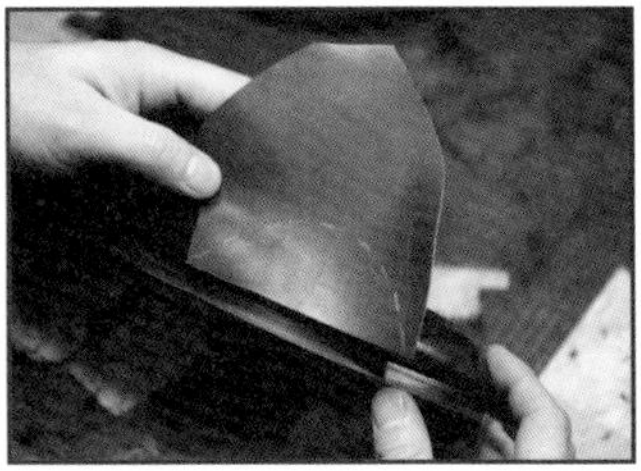

サルトの革製品コーナーに常駐する森口豊さんは、オーダーシューズを製作するビスポーク靴職人。革製品全般を担当。

ここが変わった！

A 手入れの行き届いた靴に付けられたパッチワークは、まるでデザインの一部。別色で誂える人も。

コンビシューズへのアレンジ等 革製品のリフォームも変幻自在

靴底交換や踵《かかと》のラバー交換など、定期的な手入れを欠かさず、お気に入りのタッセル・ローファーを履き込んできた依頼者。サイドに入った亀裂の修理は不可能だろうとあきらめかけていたそうです。

サルトの革製品のリペア・リフォームは、オーダーシューズを製作する靴職人が担当。基本のリペアはもちろん、革の染め替え、サイズ調整まで広範囲のお直しが可能です。亀裂修復として提案されたのは、パッチワークのように革を重ねての補修でした。英国のチャールズ皇太子が実践していることで知られるリペア法です。「想像以上にパッチワークが馴染んで驚きました。次回はタッセルを替えて、イメージチェンジしてみたいですね（依頼者）」。お直し代5000円。

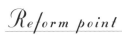

クローゼットに眠っていた バッグが復活！

**皮革の擦れ、汚れを目立たなくするリペアはもちろん、
使いにくさを解消するリフォームも。美しさと機能は復活させて
「〝味〟は損ないたくない」。そんなオーダーを叶えます。**

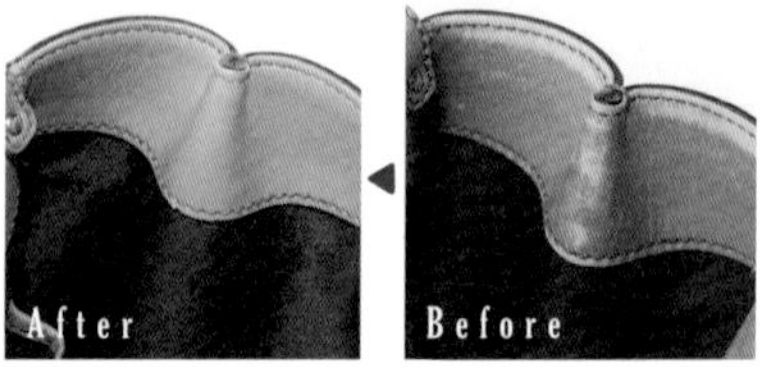

ヘビーユースした
バッグの皮脂汚れを
落とし、傷も修復

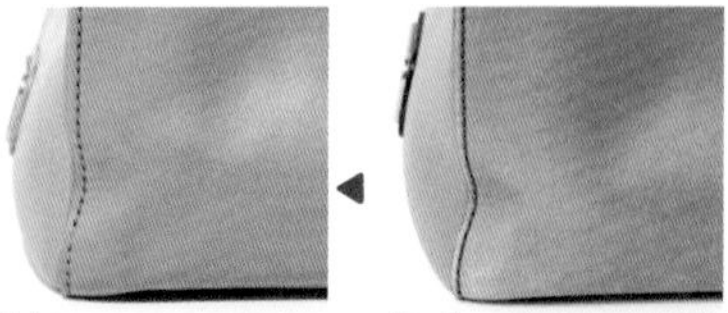

After　Before

傷み、汚れが目立つ場合、まずバッグ全体をクリーニング。皮脂汚れ等を取り除く工程で、外側は１度、色を抜く。薄い色を５回重ね、慎重にカラー調整する。ハンドルや底角、パイピングの汚れ・擦れがほとんど目立たなくなった。お直し代２万2000円。

ショルダーバッグを持つ機会が減り、クロスボディ（斜めがけ）するにはストラップが短く、使い勝手が悪かった。ストラップを短くしてワンハンドルバッグにリフォーム。モダンに生まれ変わった。お直し代5500円。

Before

中途半端な長さだった
ショルダーを短くして
ワンハンドルバッグに

ファスナーレールと布は交換したが、スライダーと引き手を再利用したおかげで、まったく違和感のない仕上がりに。ハンドル等、全体のクリーニングも含め、手間と工程を惜しまない、優れた職人による手仕事だ。お直し代２万2000円。

「ルイ・ヴィトン」の
傷・汚れの修復と
ファスナー交換

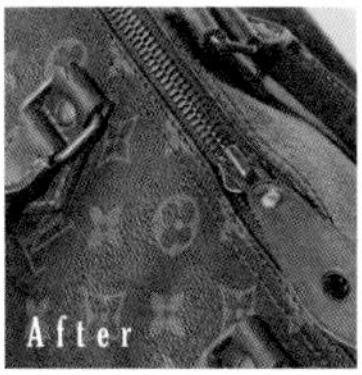

After

Before

サルトが考えるリフォーム術

「リペア」「リサイズ」「モダナイズ」「リメイク」。リフォームの可能性は無限大

「リフォーム」、あるいは「お直し」という言葉は、非常に奥深いものです。取れたボタンを一つ付け直すことも、洋服を解体して新たにパターンを引き、パーツ一つ一つを組み立て直すのも、「リフォーム」のうち。

ここではサルトの考える「リフォーム」を、４つのカテゴリーに分けて説明します。

第１のお直し、「リペア」

２０１５年９月に開催された国連サミットでは、「持続可能な世界を実現するための17の目標（ＳＤＧｓ）」が採択されました。そしてこの中の12番目の目標が、「つくる責任 つかう責任」。有効な対策としてリサイクルやリユースがあげられていますが、実は日本のリサイクルシステムの原点は、江戸時代にまで遡《さかのぼ》ります。

国内の限られたものだけで生きていく必要があった鎖国時代。２６０年も続いた江戸時代の人々は、破れたりほつれた着物を丁寧に修繕しつつ使っていました。サイズが合わなくなったら、子供や孫に仕立て直したり、着物として着られなくなったら端切れとして「端切れ屋」へ売り、あるいはおしめや雑巾にしたり。

布地は最終的には燃やされますが、その灰は「灰買い」が引き取って、さらに再利用されていました。このシステムは、着物だけでなく、傘も陶器も下駄も、すべて同じです。割れた陶器を修繕する「金継ぎ」は、ここ数年で注目が集まる技術となっています。

世界が環境保全を目標とし、ＳＤＧｓが制定される１５０年以上も前から存在していた、日本人の「もったいない」の精神は、今こそしっかりと見直され、大切にすべき文化です。

デフレ経済が長く続いた影響で、私たちは洋服も靴もバッグも、さまざまな物を安価に手に入れられるようになりました。汚れたり、擦れたり、あるいはボタンが取れてしまっただけでも、すぐに処分して新しいものに買い替えるという選択肢もあるでしょう。

でも、もしも修理のひと手間さえ惜しまなければ、まだまだ使える物ならば。あるいは愛着や、「もったいない」という心の声が聞こえてきたら。

ぜひ、サルトをはじめとする「お直し屋」まで、お持ちいただきたいと考えています。傷んだシャツの襟交換やカフス交換等々、承ります。

第2のお直し、「リサイズ」

太ってしまった、あるいは痩せてしまったために、サイズが合わなくなった――。お客様の多くは、「必要に迫られて」リフォーム店を訪れます。でも、もう少し積極的に、「服を素敵に着こなすために」、リフォームを活用してみてはいかがでしょう。

例えば新しいスーツを買う際、ほとんどの方が「必要に迫られて」、パンツ丈のお直しはするはずです。でも、袖丈は？ 背中に寄った微妙なシワは？ 合わないウエストは？ 「変ではないから、まぁ、いいか」と、お直しを省くことも多いのでは。

実は、自分に合ったサイズの服を着ることは、「服を素敵に着こなす」第一歩。断言しますが、サイズの合わないブランドもののジャケットよりも、適正なサイズ感の安価なジャケットのほうが、着る人の立ち姿を、すらっと知的に見せてくれるものです。

適正なサイズの服は、その人の体形の長所を強調し、短所を隠してくれます。さらにお直しの過程では、ウエストやヒップ、膝など、いくつかのポイントとなるパーツの位置を、実際より若干高めに設定することが可能です。印象にシャープさが加わり、スタイルアップの効果も期待できます。

NAOMOTO

何よりも、自分の体に合ったサイズの服は、着ていて快適！　シワにもなりにくい。洋服を直し、適正なサイズで着るということは、「その服を長く着続ける理由」につながるのです。

第3のお直し「モダナイズ」

「定番アイテム」という言葉があります。テーラードジャケットやタートルセーター、ジーンズなど。時代を超え、多くの人に愛されてきたアイテムです。

ただ、いくら「定番」ではあっても、トレンドは変わります。例えば10年前と比べ、ジャケットの着丈は短くなり、パンツ丈もクッションが入らない、短めが主流。

知識と経験豊かなリフォーム店のフィッターは、お客様の体形を把握し、的確にリサイズしたうえで、その時代の匂いを取り入れることが可能です。加えて、ブランドのポリシーやスタイルを損なわない配慮もできるため、そのブランドらしさ、魅力を失なうことはありません。

サルトの接客は、世界中の洋服の構造を理解し、最新のトレンドにも精通したフィッターによるもの。さらに銀座店では熟練した職人が同じビル内に常駐し、「お客様に相応しいお直し」を、よりテクニカルな観点からもご提案しています。

第4のお直し「リメイク」

リメイクとは、「別のアイテムに作り変えること」ですが、実はこれもまた、江戸時代から続く、日本の文化です。

江戸の人々は、長く愛用した着物を長襦袢や鏡掛けにしたり、裏地を外して夏物にしたり、あるいは財布や風呂敷などの小物に変えたりと、一枚の着物のかたちを変えて、長く大切に使っていました。

リメイクは、素材となる洋服を活かしつつ、まったく違ったアイテムや用途に生まれ変わる可能性を秘めた作業です。フィッターのデザイン力や創造力、そしてお客様とのコミュニケーション能力が問われる分野でもあります。

ご自身が結婚されたときに仕立てたウエディングドレスや、お祖母様から受け継いだ着物など、世代を超えて受け継いでいきたい大切な品を、次の世代に向けてよみがえらせるのは、お手伝いさせていただくスタッフも、心躍る作業です。ある男性のお客様は、お母様の形見の羽織を、ロングジレに仕立てました。

今後、サルトがいっそう力を入れて取り組んでいきたいカテゴリーです。

Part 2

プロが伝授
セルフリフォームのすすめ

ミシンがなくても針と糸があれば……

自分でできるリフォームあれこれ

コロナ禍のステイホームでは、布マスクの手づくりをはじめ、編み物や刺繍などの手芸がちょっとしたブームになっていたとか。

数年ぶりの衣類の整理では、「お気に入りのジャケットなのに、ボタンがひとつなくなっていて着られない」「流行遅れだけど、捨てるには惜しい」といったお宝を、クローゼットの奥から発掘した人も多いのではないでしょうか。

もしも、ほんの少しのほつれや裂けなどが原因で、お宝がタンスの肥やしになっているのなら、自分でリフォームしてみませんか。「うちはミシンがないから……」とあきらめなくて大丈夫。針と糸を用意して、手縫いでちくちく。できる範囲は想像以上に広いものです。そして想像以上に、その収穫は大きいものですよ。

基本の裁縫道具

手芸に凝るわけではないけれど、ボタン付けなど、日常「これだけは必要」な裁縫道具を、プロが厳選。これさえあれば簡単なお直しがすぐにできます。

B

A

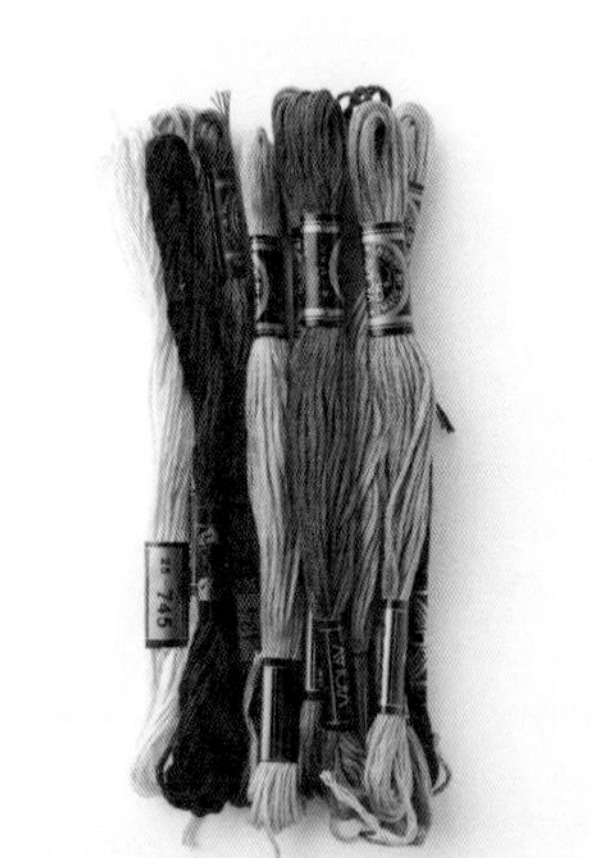

E

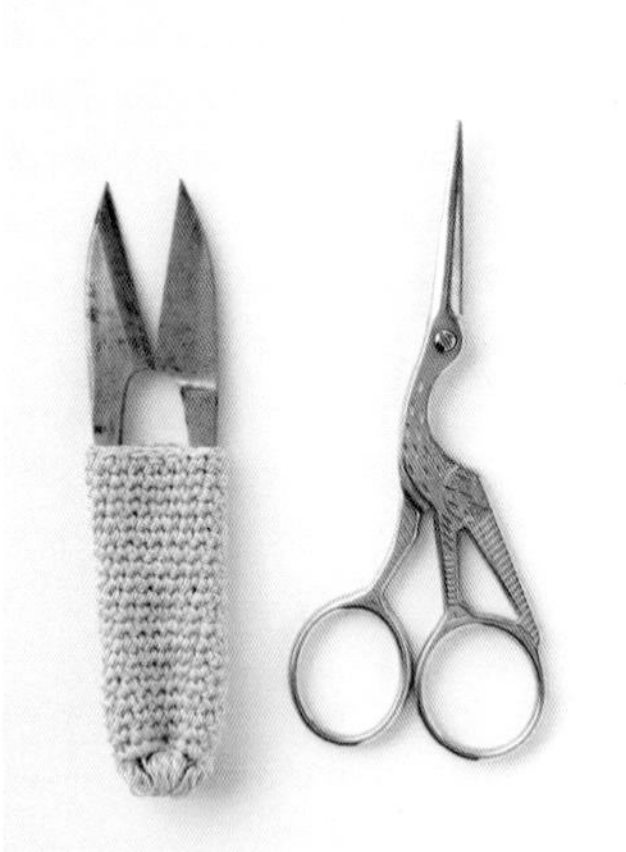

D

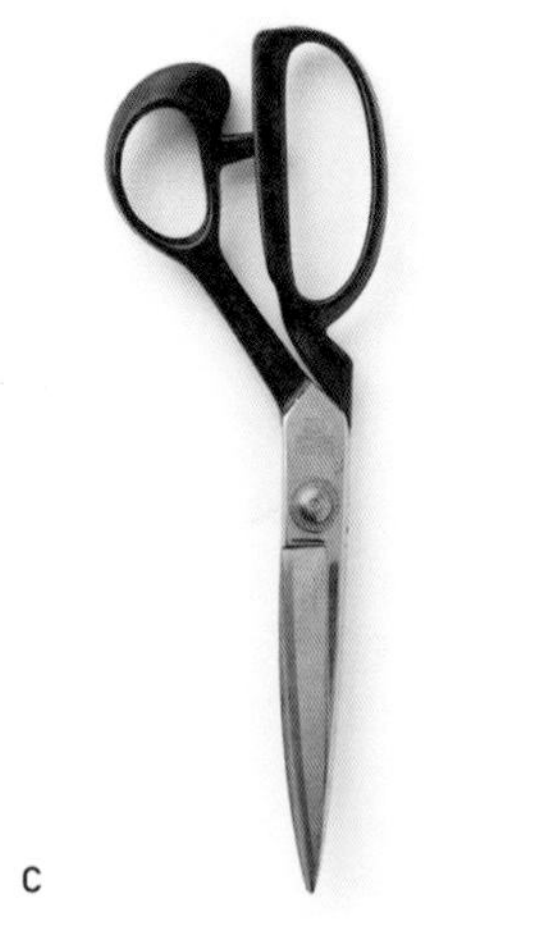

C

A 針山・指ぬき：小さなジャムの瓶に針山をセットすると、持ち運びにも便利。一緒に入れておくと使い勝手がいい指ぬきは、必ず自分の指に合ったサイズを選ぶことが大切。 **B メリケン針：**左から短4号、短6号、短9号と、数字が大きくなる程、細くなる。用途が広いのは短6号だが、基本は、薄くデリケートな素材には細い針、厚手の生地には太い針を使う。ボタン付けなど、太い糸でしっかり付けたいのなら短6号、あるいは短4号で。細い糸で細かいまつり縫いをする場合は短9号と、使い分けて。 **C 裁ちばさみ：**スパッとした切れ味が身上。切れないはさみで布地を切ると、生地を傷めたり、伸ばしてしまうことに。 **D 糸切りばさみ・小ばさみ：**好みで選んでいいが、糸切りばさみは切るたび刃を開く手間がかからないのがメリット。 **E 刺繍糸：**ニットの補修に。色数が豊富で少量から買える。

あると便利な道具

**なくてもなんとかなるけど、あれば作業が楽になる便利な道具をご紹介。
使いこなせば、仕上がりに断然、差が出ます。**

H

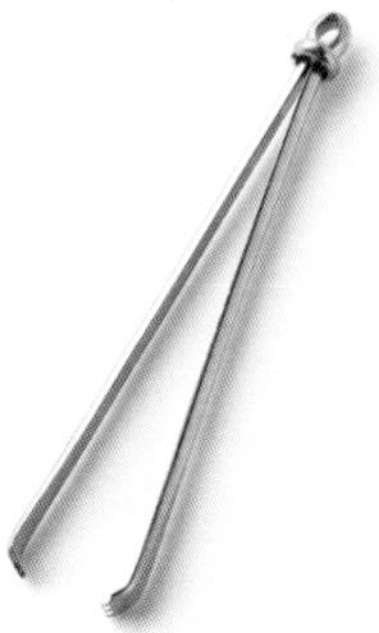

F

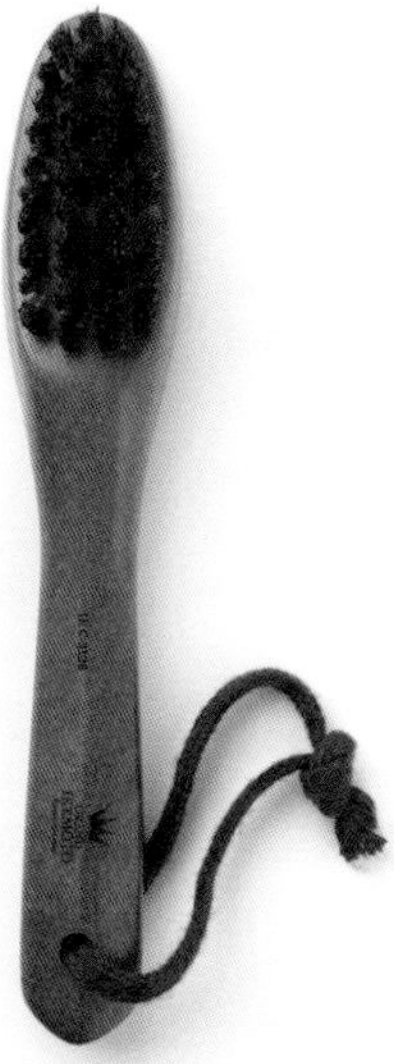

J

I

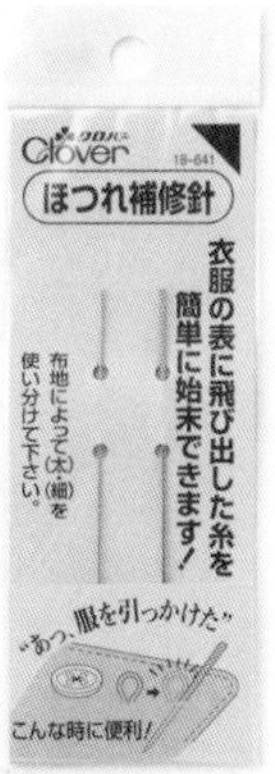

G

F ゴム通し：ゴムの端をはさみ、リングを動かして固定するタイプ。作業の途中でゴムが抜けにくい。**G ほつれ補修針：**ハイゲージのニットなど、表に飛び出した糸端を、簡単に裏側に引き込める。太・細の2本セットなので、ローゲージニットから、シフォンなど、デリケート素材にも使用可能。 **H レース編み針6号：**ニットの穴補修に使用。 **I 目打ち：**本来は穴をあける道具だが、リッパーの代わりとして縫い目をほどいたり、縫った角を表にひっくり返した後、かたちを整えるときにも使う。リッパーは糸を切りながら縫い目をほどいていくので、お好みで。 **J 毛玉取りブラシ：**さまざまなタイプがあるが、おすすめは1929年創業の老舗ブラシメーカー「池本刷子工業」の「GRAND IKEMOTO」。毛玉を取るだけでなく、できはじめた毛玉をほぐし、生地やせしにくい。専用ブラシクリーナー付き。

基本の玉結び

布地を縫い始める前に、縫った糸が抜けないようにするため、まずは糸の端を結びます。これが「玉結び」。針を使った基本的な方法をご紹介します。

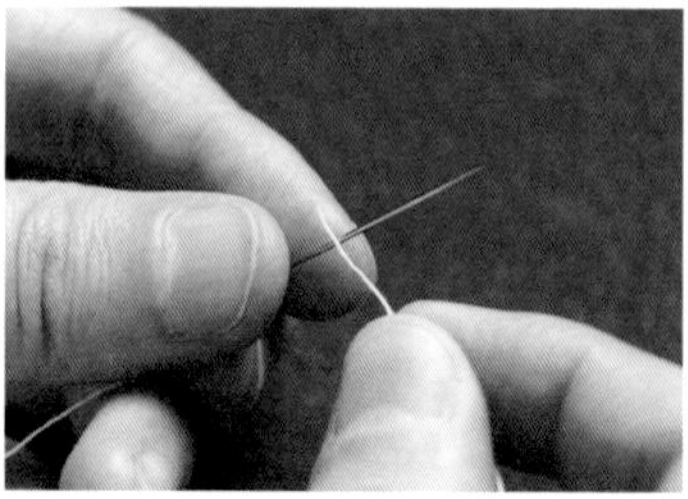

1 人差し指に針を置き、針穴に通した長いほうの糸先を重ねる。

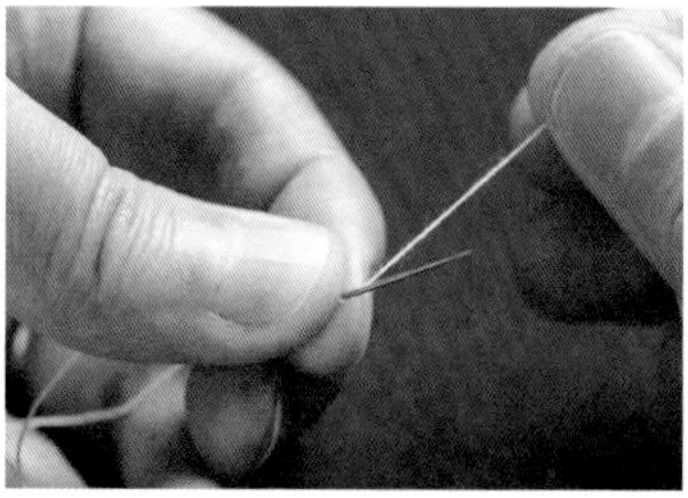

2 針を親指で押さえながら、針先に糸を巻きつける。

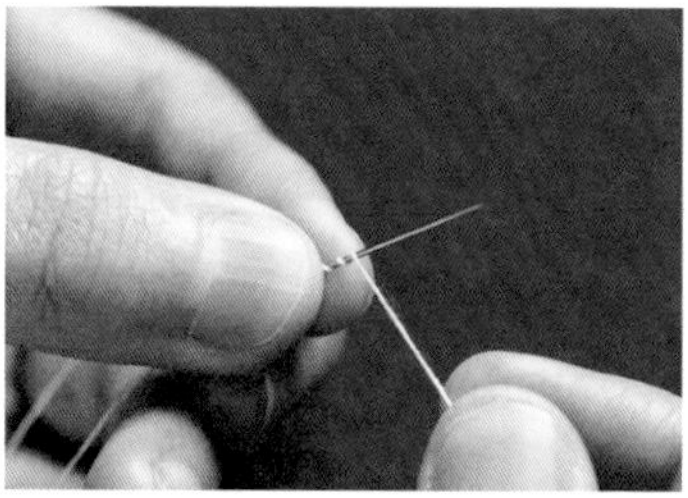

3 通常、2～3回巻きつける。巻く回数を増やせば、大きな玉に。

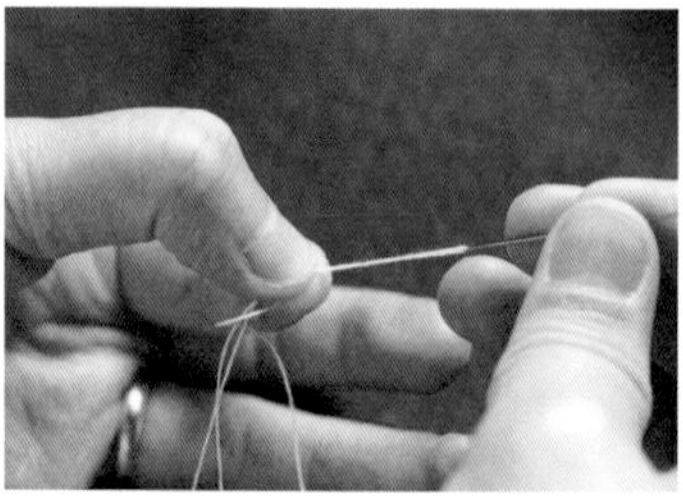

4 糸を巻いた部分を親指で押さえたまま、針を針先の方向へ抜く。

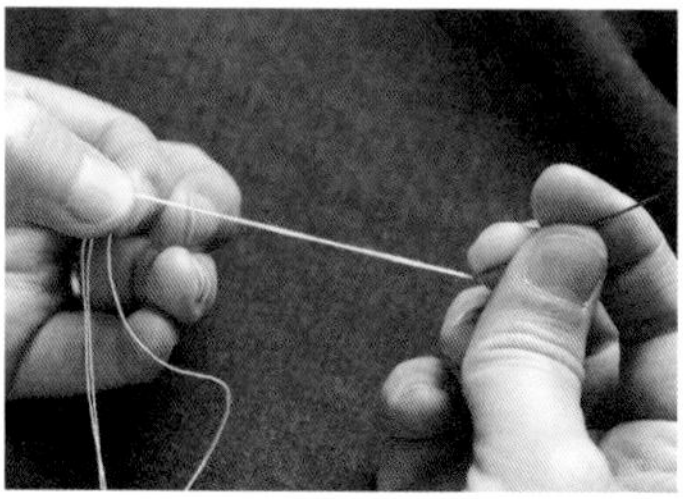

5 そのまま左の指の力は緩めずに、糸を最後まで引き抜く。

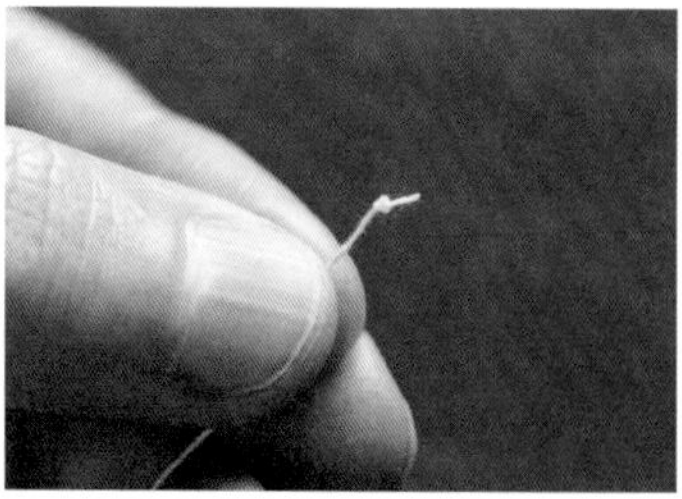

6 できあがり。*1*で、針に糸先を置いた場所に、玉ができる。

美しい玉止め

玉止めには、縫い終わりに針を当てて結ぶやり方もありますが、ボタン等が邪魔になって縫い終わりを指で押さえられないとき、このやり方が便利です。

1 縫い終わった糸の根元の近くに、手前にすくうように針を当てる。

2 左手で針に2～3回、糸を巻く。回数を増やせば、大きな玉に。

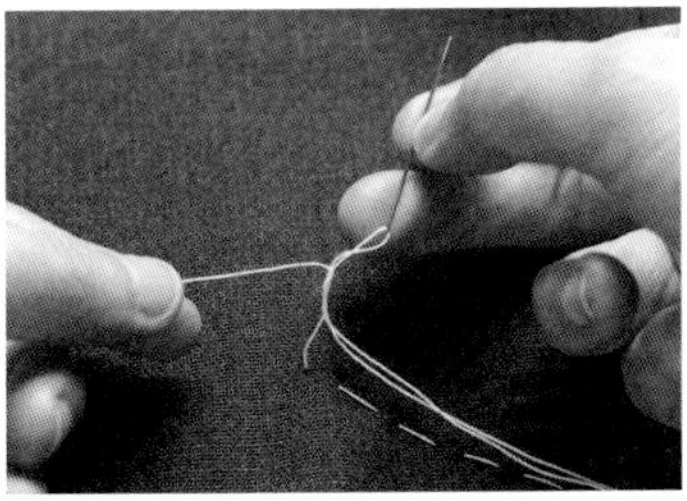

3 そのまま針先を抜く。あまり力を入れずに、すーっと引く。

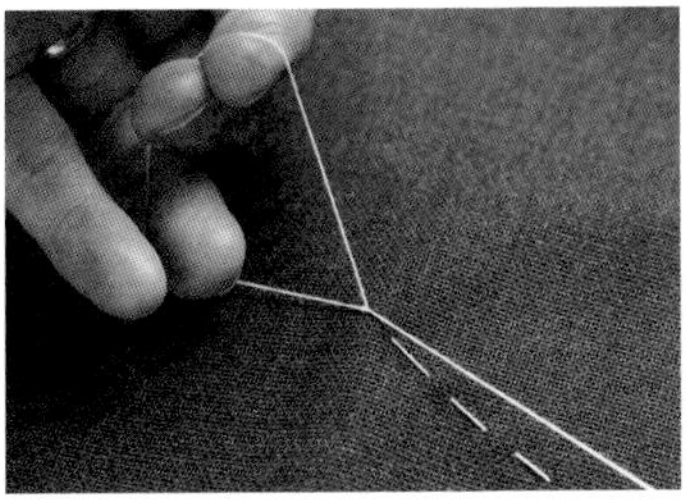

4 左右から糸を引き、巻きが糸の根元にくるように調整する。

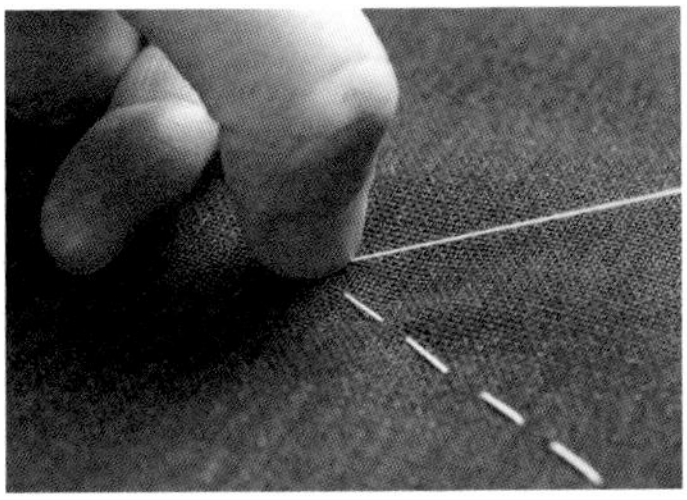

5 巻きを左手の親指で押さえ、糸を引き抜く。

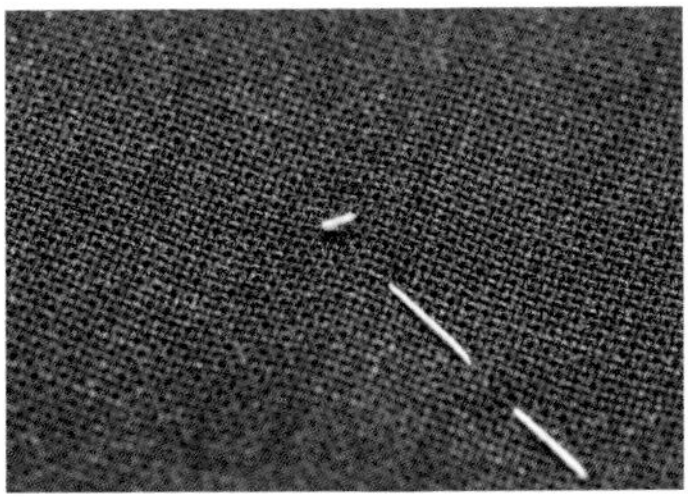

6 糸を抜き切った後、端を切れば、できあがり。

セルフリフォームのアイデア 1

ひとつだけで印象が変わる!

ボタンアレンジ

ボタン交換のメリットは、手軽に印象を変えられるうえに、「元に戻す」作業が簡単なこと。似合わなかったらすぐ変えられるので、気軽にトライ!

カーディガンの第1ボタン

シンプルなベーシックカラーのカーディガン。貝ボタンをパールボタンに付け替えるだけで、ぐっと新鮮な表情に。肩に羽織ったときにひとつ留めする、第1ボタンだけ替えても素敵。

ジャケットの襟

左襟にあるボタン穴、通称「フラワーホール」。元々は第1ボタンとして機能しており、襟を立てて着ていたとか。ならば原点に帰り、ボタンを付けて。着こなしの幅が広がりそう。

⇦ 78ページ／プロの技：ボタン付け

セルフリフォームのアイデア 2

薄くなった肘をカバー!

エルボーパッチ

今回紹介する、ニットに付けるエルボーパッチは、実は上級編。
伸縮の少ない布帛《ふはく》にスエードなどを当てるほうが、初心者向けです。

作り方

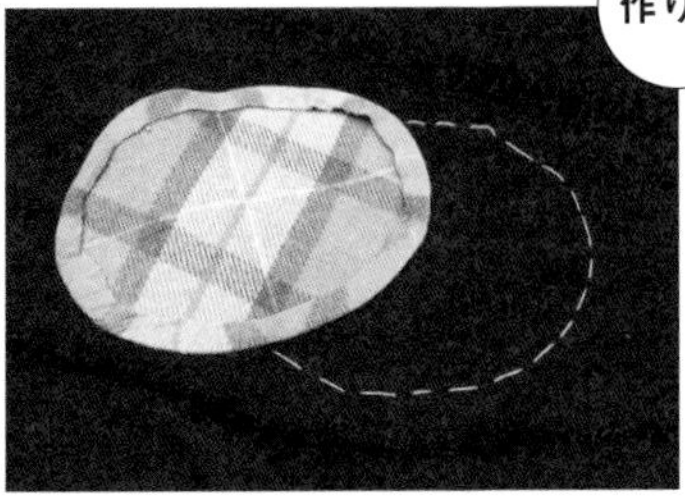

1 パッチを当てる部分を、あらかじめ糸でマークしておく。

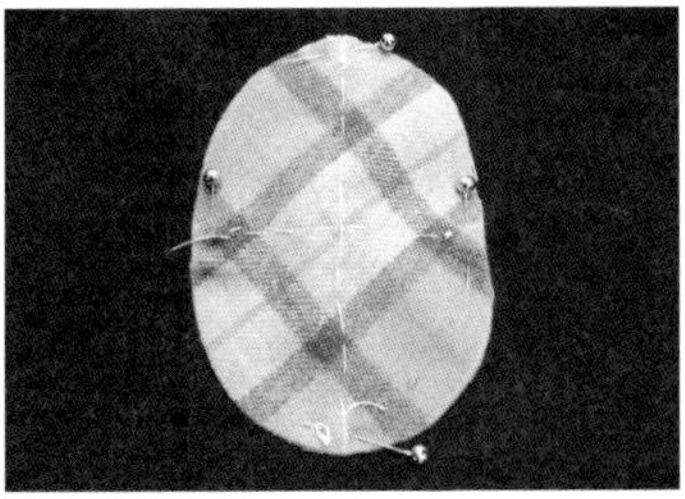

2 パッチを4カ所まち針で留め、十字にしつけをする。

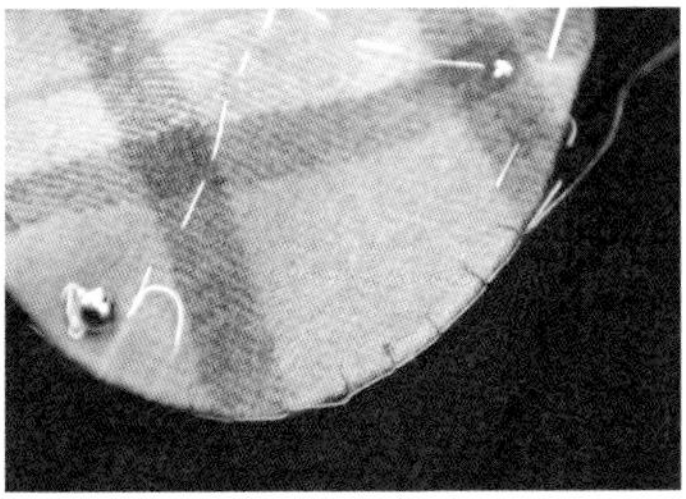

3 ブランケットステッチで縫う。伸縮しにくい素材ならミシンも可。

⇦ 80ページ/プロの技:ブランケットステッチ

ボタン付け

ボタンには４つ穴、２つ穴、足付きにスナップボタン等々、さまざまな種類がありますが、ここでは基本の４つ穴ボタンの付け方をご紹介します。

ボタンの穴に糸を通す

1

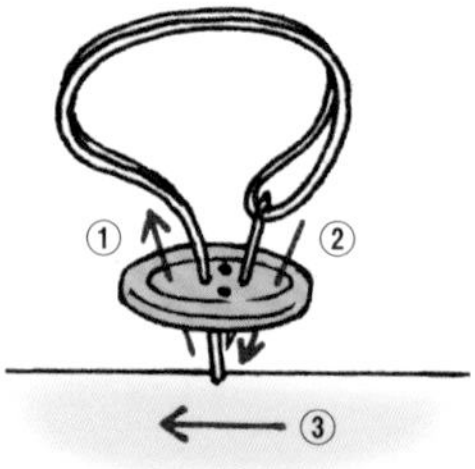

糸をボタンの穴に通し、生地を２㎜程すくう。ボタンの裏に3㎜位の余裕（足）をつくるよう意識しながら糸を引く。

2

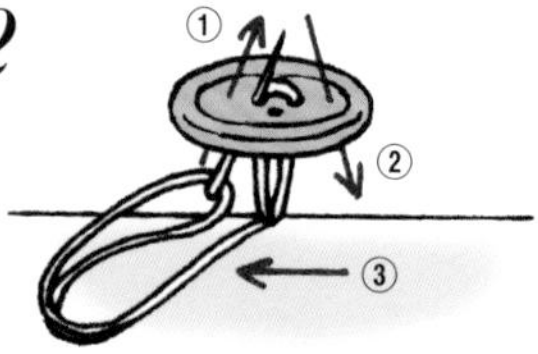

この作業を２度繰り返す。４つ穴の場合は、もうひと組の穴にも同じように糸を通す。

コツ

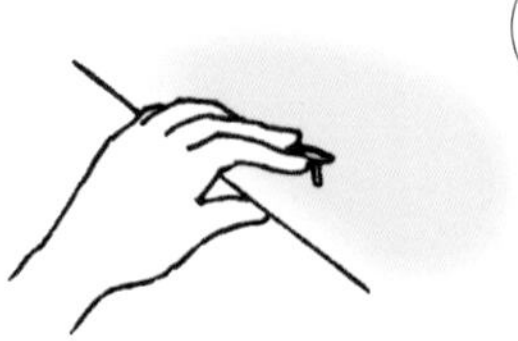

中指と人差し指でボタンを挟むと、足をつくりやすい。親指は生地に添えて。

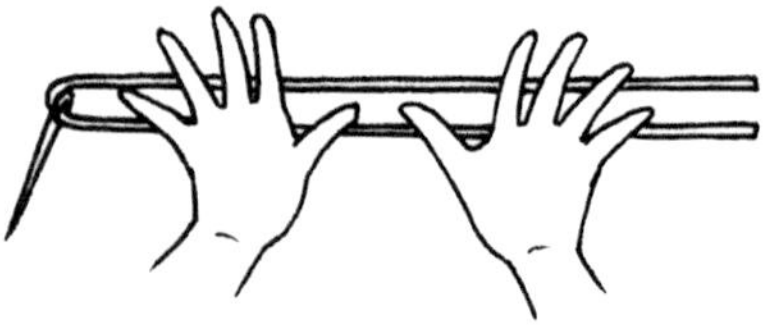

しっかり付けたいので、糸は２本どりで。両手を広げたくらいの長さが扱いやすい。

縫い始め

1

実はプロは玉結びしない。まずはボタンをつける位置に表からひと針通す。

2

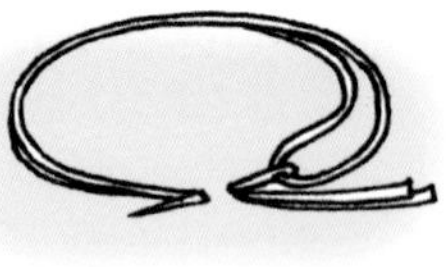

同じところをもうひと針。返し縫いをしたら、糸端を押さえて糸を引っ張る。

3

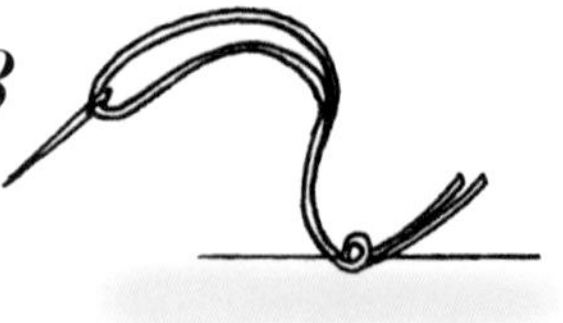

返し縫いをすることで、糸は緩まない。糸端はギリギリのところで切る。心配ならば玉結びして、こちらも表から縫い始める。

仕上げ

1

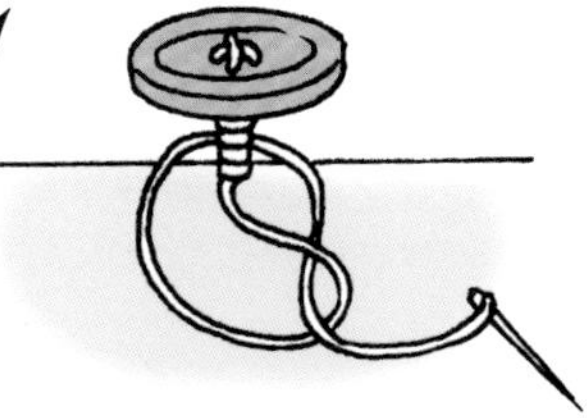

根元を１度こま結びする。これで緩まない。

2

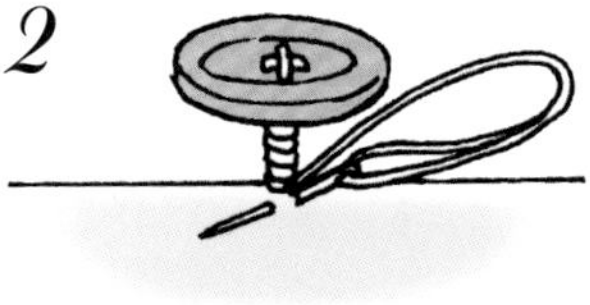

根元にひと針刺し、表で玉止めする。

3

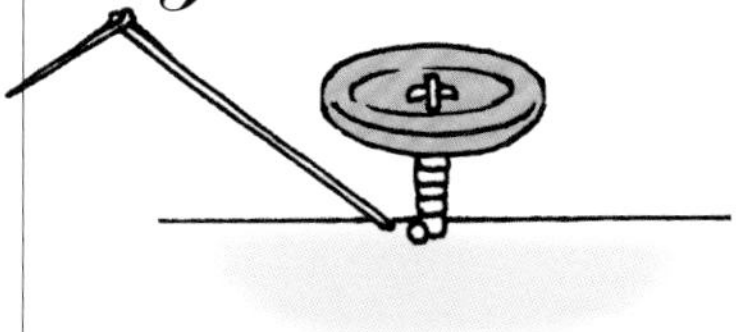

もう一度、足の根元に針を刺し、2㎜程離れたところから針を出して、糸を切る。

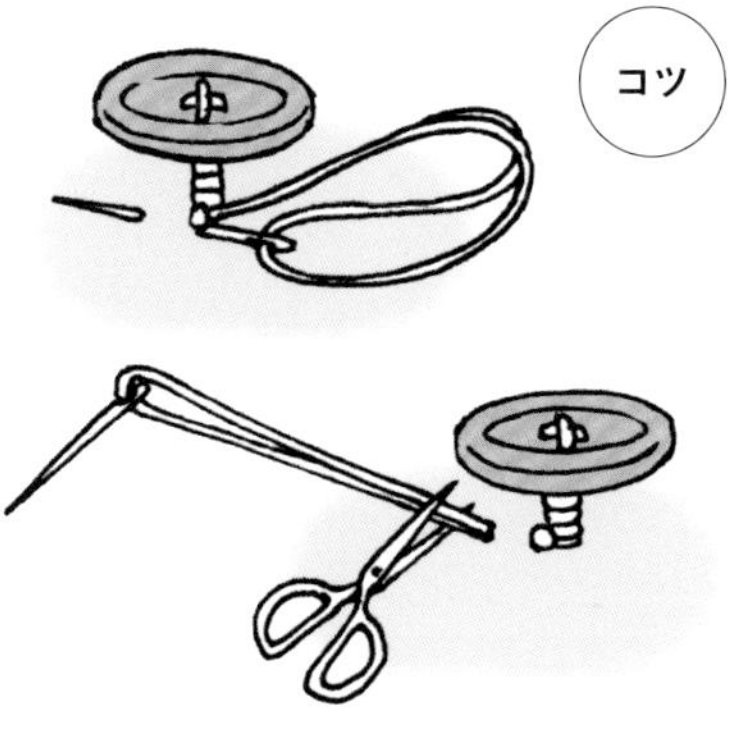

最後に針を表に出した際、ぐっと引っ張ると、玉止めが生地に埋もれ目立たなくなる。

根巻きをする

1

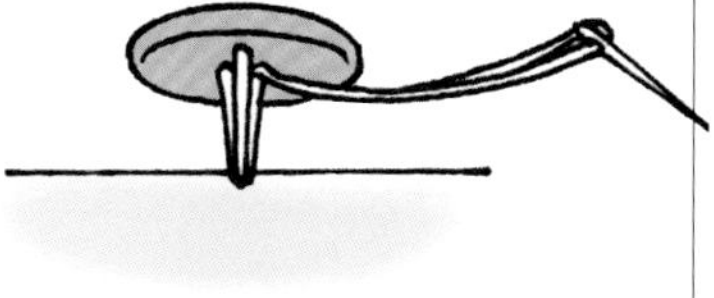

根巻きはボタンの際から始める。

2

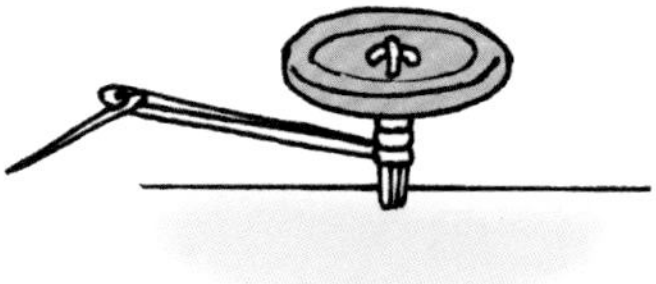

ボタンの際（上）から布地（下）へ向かって、しっかりと６～８回巻きつける。

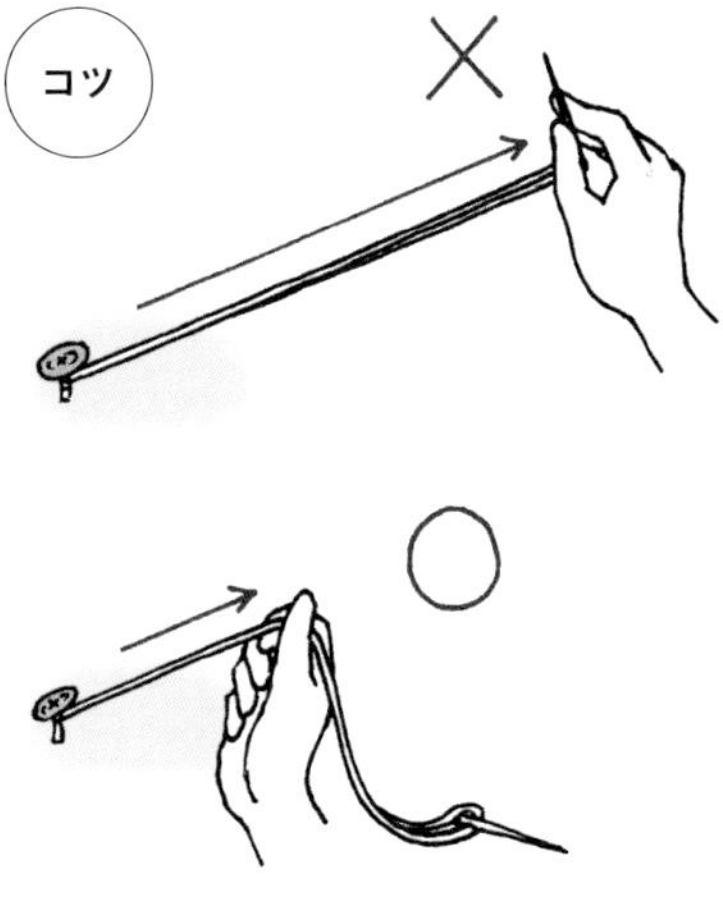

根巻きの際、糸は短く持つほうが安定する。引っ張る糸を人差し指に１度絡めてから引くと、よりしっかりと巻きつけることができる。

ブランケットステッチ

その名の通り、布地の縁がかりのほか、アップリケやフェルトのとじ合わせなどにも使われる基本ステッチのひとつ。エルボーパッチもこのステッチで。

ステッチの作り方

1

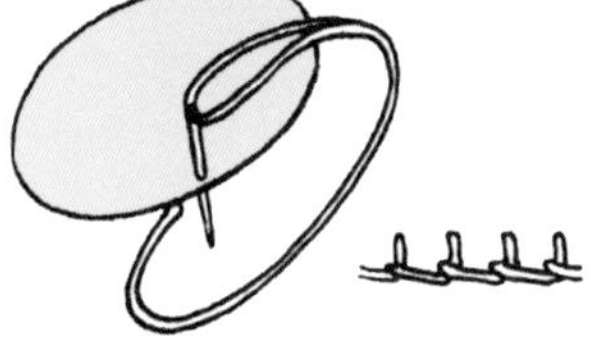

パッチの際から出した針を、右斜め上、パッチのガイドライン上に刺し、再び際から針を出す。

2

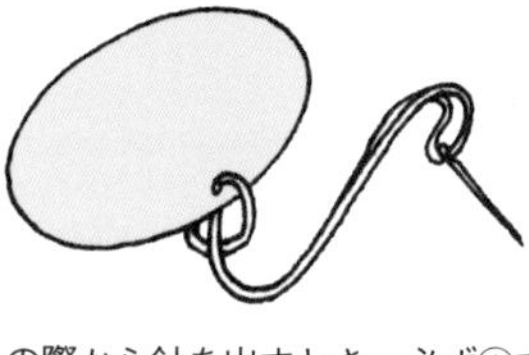

パッチの際から針を出すとき、必ず①でできた糸の輪を通すこと。

3

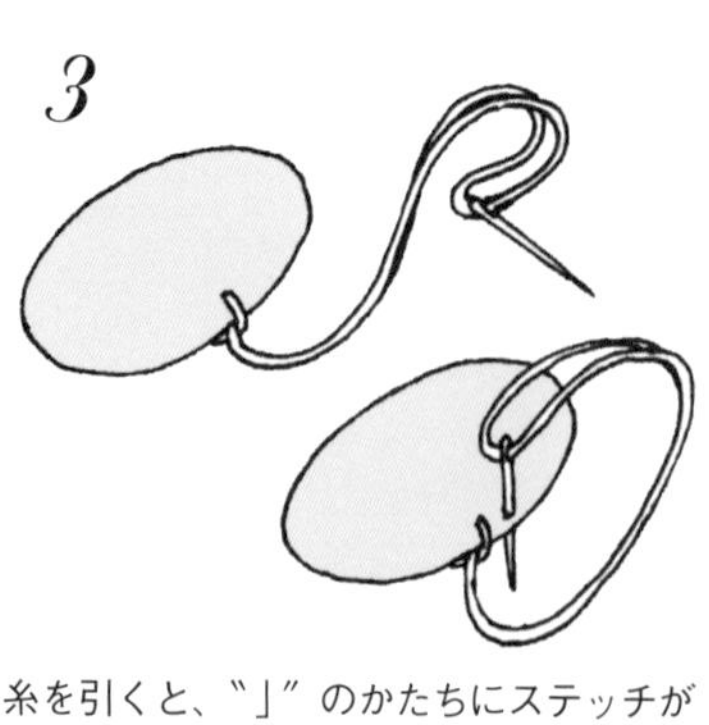

糸を引くと、〝」〞のかたちにステッチが一目できる。繰り返すと、右に進んでいく。

縫い始め

1

ステッチの幅が揃うように、チャコなどでガイドラインを描いておくと安心。

2

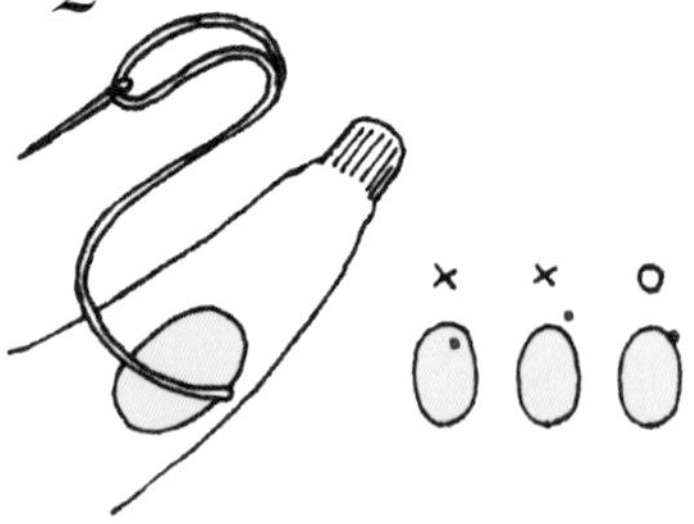

パッチを当てたい場所を決めたら、まち針としつけ糸で仮止めする（77ページ参照）。ブランケットステッチに使用する糸を針に通して玉結びしたら、パッチの少し内側、生地の表で返し縫い（78ページ参照）をし、生地とパッチの際から針を出す。ただし、アイテムがニットの場合、玉結びでは糸が抜けてしまうため、糸端はこま結びで止める。これも始末が見えないように、生地の表、パッチの内側で。

仕上げ

1

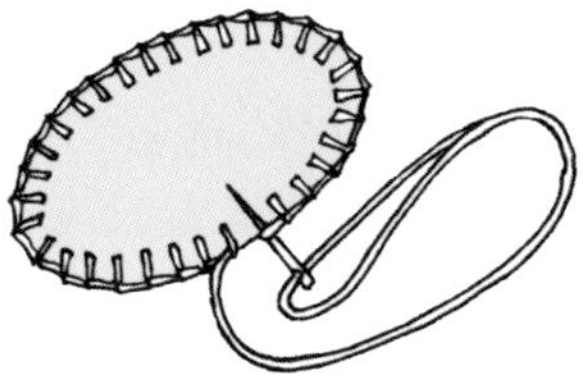

はじまりの輪をすくって縫い目をつなげる。

2

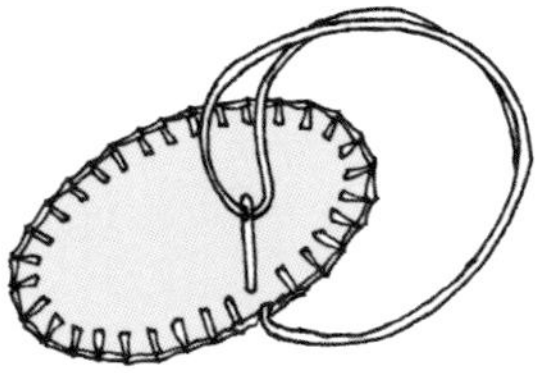

最後は生地の裏で玉止めする。ニットの場合は、こま結びで。

3

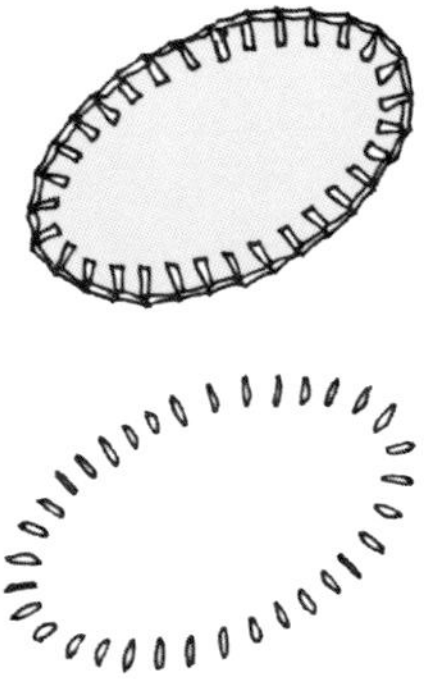

表はステッチがつながり、パッチを付けた洋服の裏にも針目が。ステッチの大きさ、幅はお好みで。また、43ページのように、ステッチを馴染ませたいなら同系色の色糸で。あえて目立つよう、反対色を選んでもいい。

糸替えの仕方

1

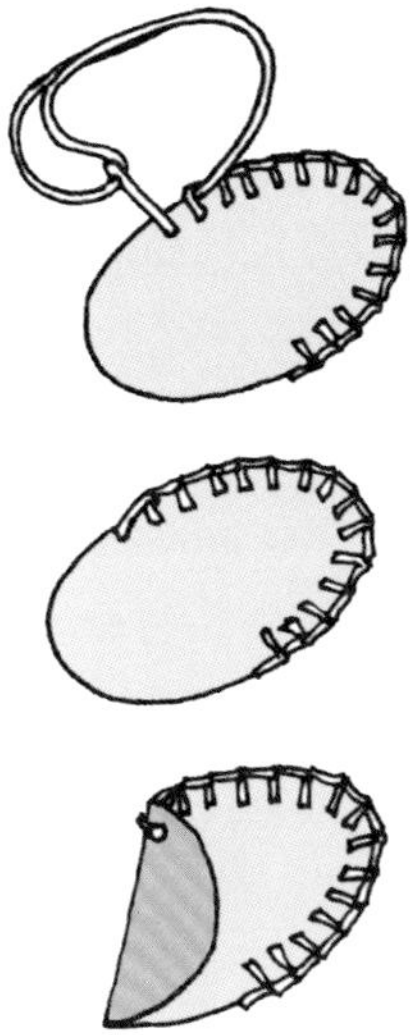

少しゆるめに糸を通して、パッチの裏側で玉止めをする。

2

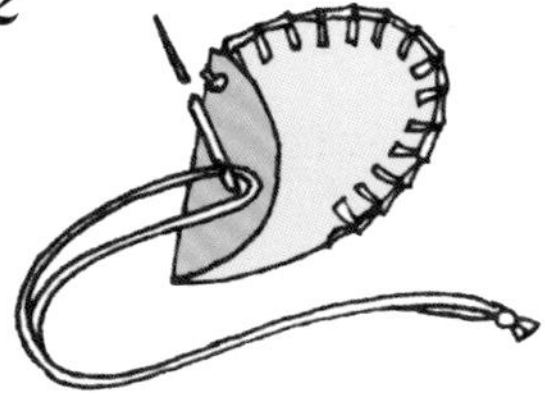

返し縫い（右ページ「縫い始め」2と同様）をし、続きを縫い始める。

3

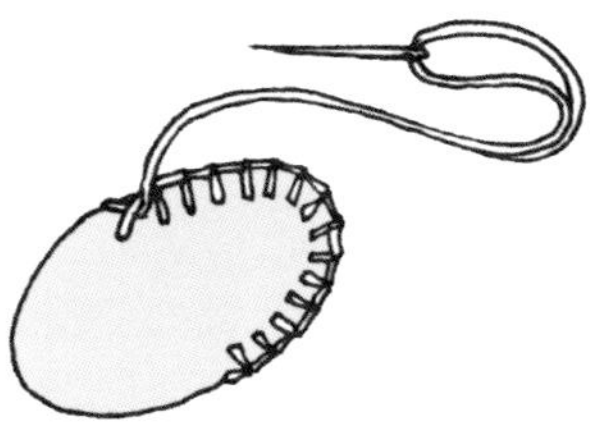

*1*で残した糸を拾いステッチを続ける。

セルフリフォームのアイデア 3

使わないストールが変身!
ストールポンチョ

コートのような防寒はできないものの、ストールよりも機能的なポンチョは、ファッションアイテムとしても注目株。実は簡単に手作りできます。

ミシン要らず! 手縫いで気楽に

そもそもポンチョはカジュアルなアイテム。派手だったり、個性的過ぎて使いにくかったストールを、デニムにさらっと羽織れるワンマイルウエアに変身させてみませんか。

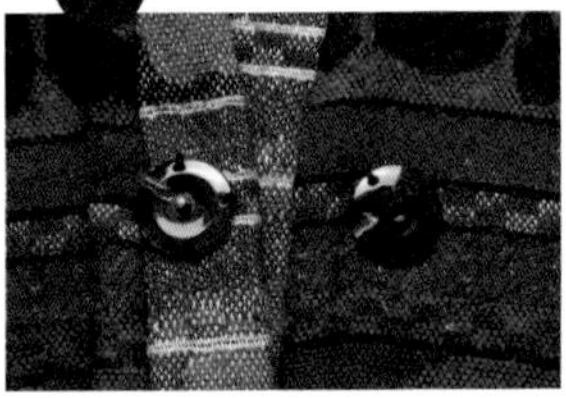

スナップボタンを使えば、ボタンホールは不要だし、カギホックより垢抜ける。何よりデザインや色にバリエーションがあり、付け方も簡単なのが魅力だ。

作り方

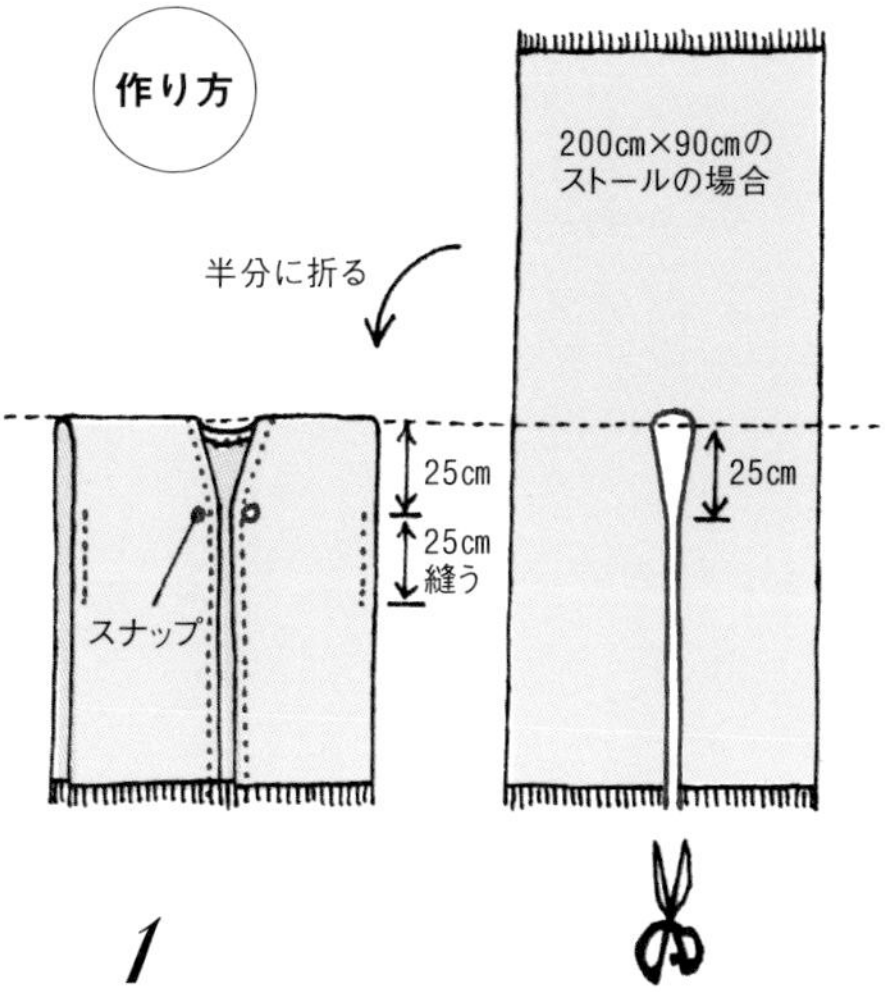

1

ストールのできあがりイメージ。はさみを入れるのは、フロントの開きと襟の部分。

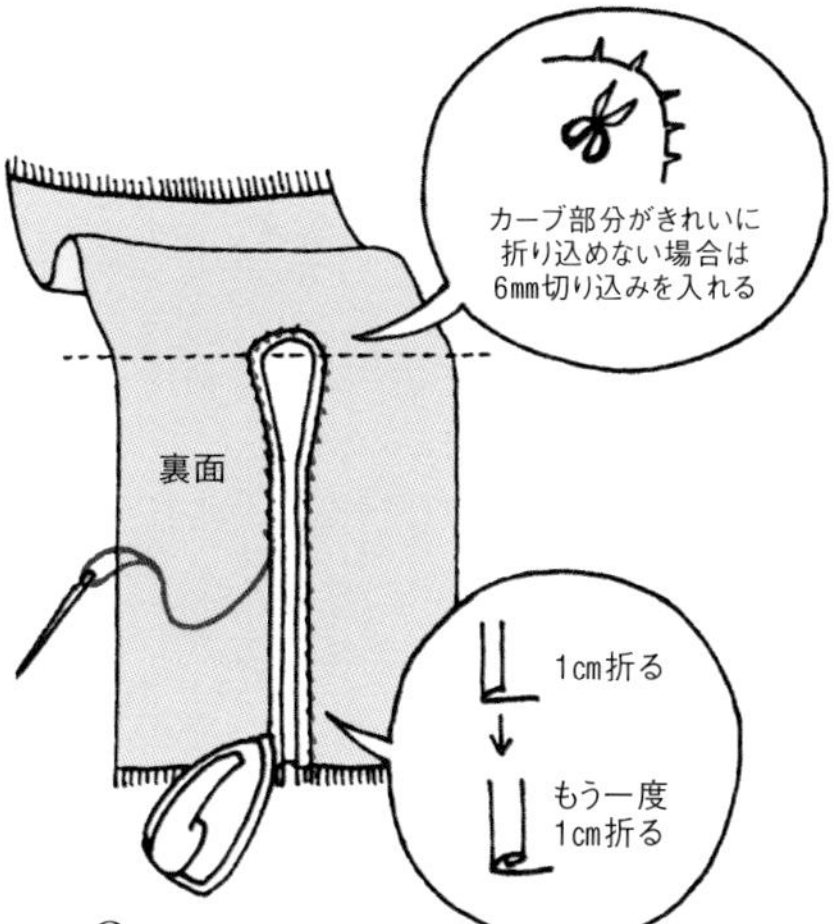

2

*1*で切り込みを入れた端を三つ折り（2回折り込む）にして、まつる。アイロンでおさえると、縫いやすい。

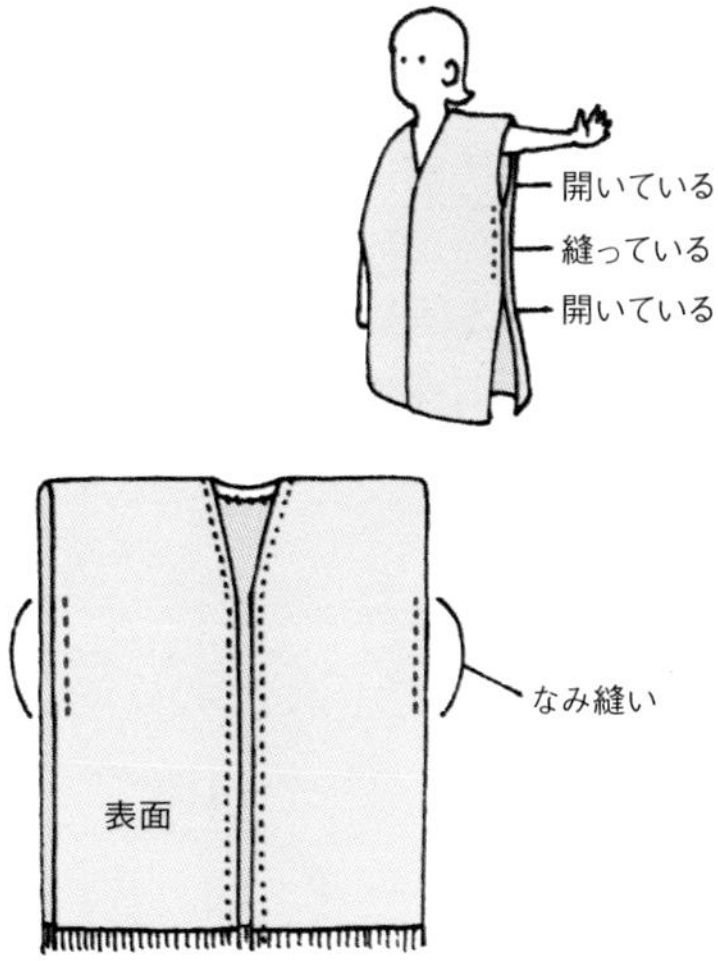

3

脇を左右2カ所縫って、袖口をつくる。肩から25cmくらい下のところを25cm程、ざくざくとなみ縫いで。

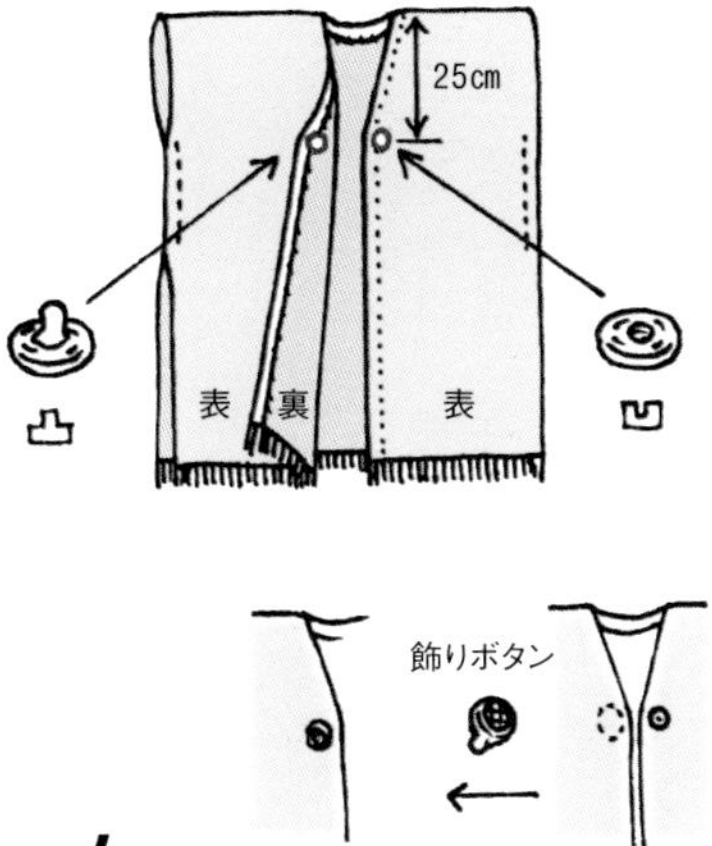

4

スナップを付ける。基本的には男性は右前、女性は左前になるように。スナップを縫い止めた糸が表に響いて気になるようなら、飾りのボタンを付けて隠してもいい。

⇦ 84ページ／プロの技:まつり縫い

まつり縫い
基本のまつり縫い

いくつかあるまつり縫いの中で、スカートやパンツの裾上げ、外出先でのちょっとしたアクシデントなど、もっとも対応範囲の広いまつり縫いです。

1

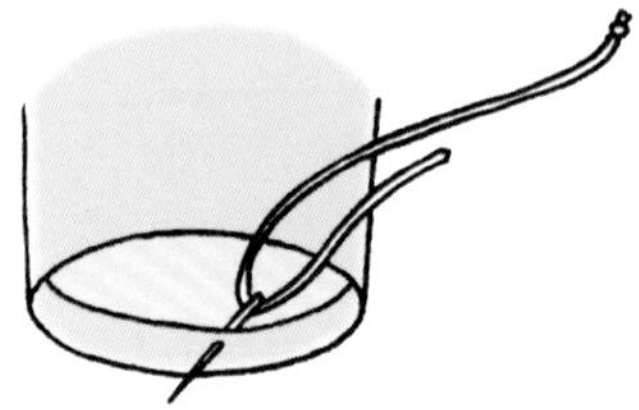

玉結びが隠れるように、三つ折りした折山の裏から表へと針を引き抜く。

2

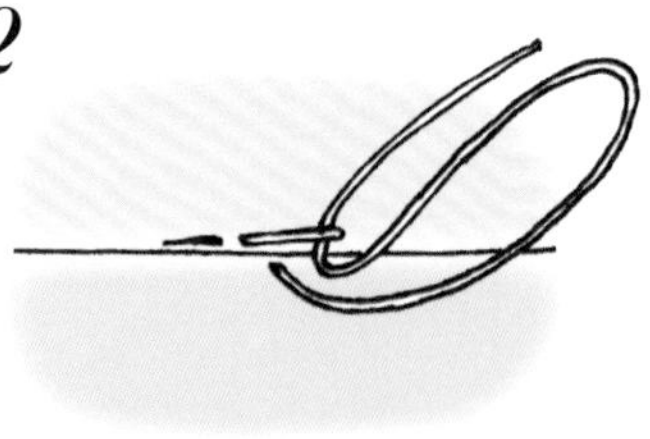

できるだけ表から縫い目が見えないよう、生地裏の糸を２本すくうイメージで縫う。

3

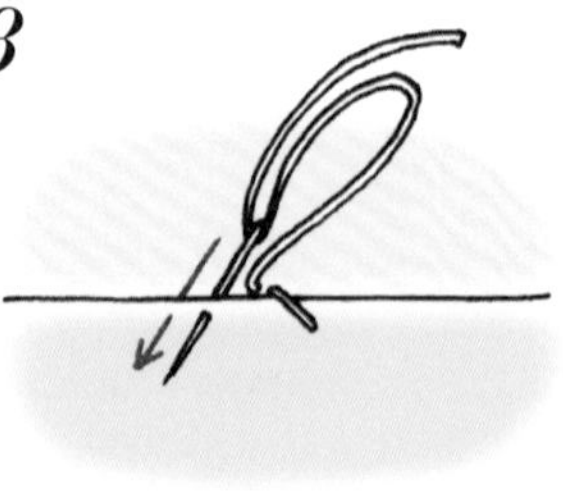

少し左に進んだ折山の裏から表へ針を通して引き抜く。

4

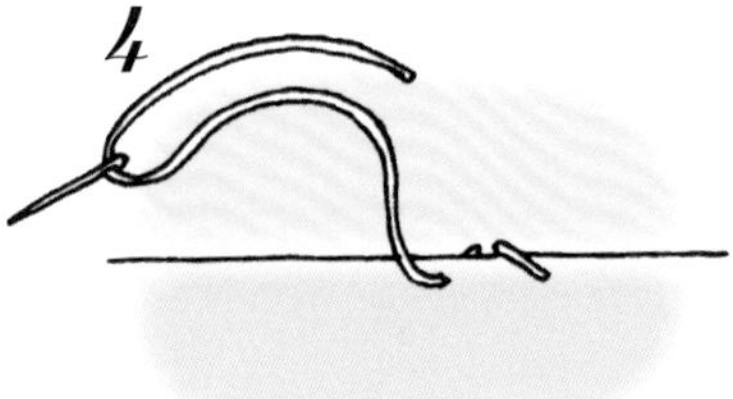

*2*に戻り、左斜め上の生地裏から糸２本すくうイメージの作業を繰り返す。

5

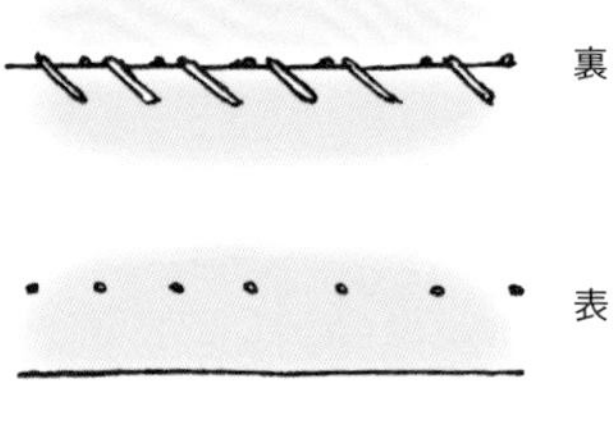

縫い目は斜めになる。間隔は５㎜〜１㎝くらい。表には小さな点が続くのが理想。

コツ

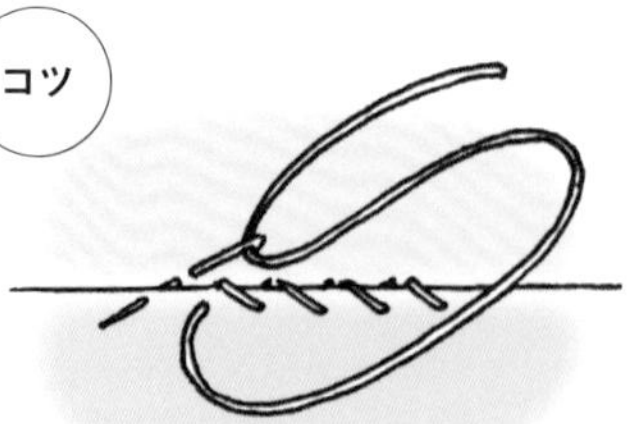

プロは*2*と*3*の手順を同時に進めていく。慣れてきたら、このほうが早い！

まつり縫い

千鳥がけ

毛織物など、織りの生地を切りっぱなしのまま縫い止められるので、ロックミシンがない、ミシンを出すのが面倒なときにも活躍します。

1

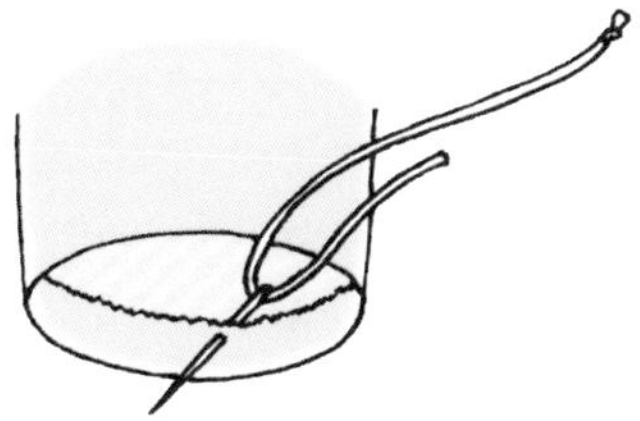

玉結びが隠れるように、縫い代の端から５㎜内側の、裏から表へと針を出す。

2

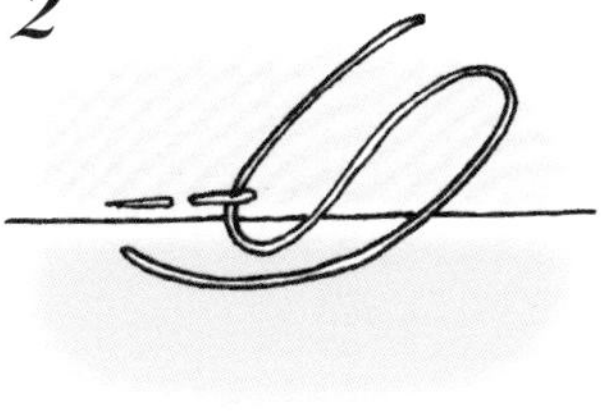

進行方向は左→右。５㎜ほど右、生地の裏を、糸２本すくうイメージでひと針縫う。

3

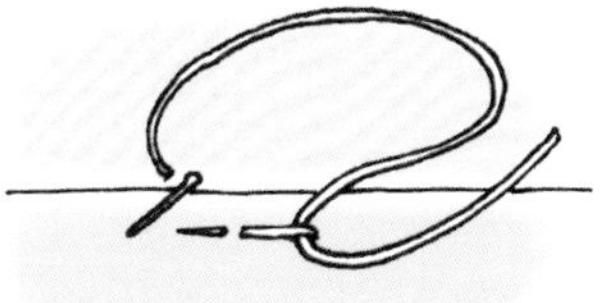

針を引き抜いたら、*1*の針目から８㎜ほど右側を少しすくう。

4

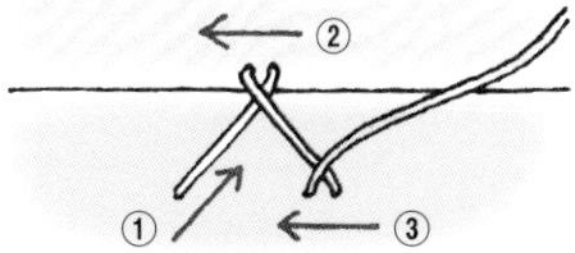

進行方向は左から右（右利きの場合）。針は右から左に刺すので糸が交差する。

5

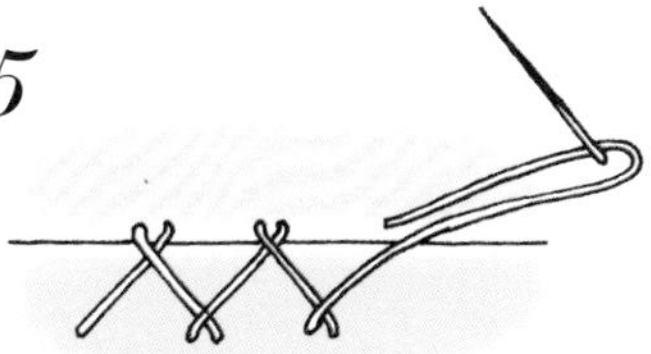

美しい千鳥がけの目安は、縦５～８㎜、幅４～８㎜くらい。

6

できあがり。裁ち目をしっかりと押さえて、ほつれも防いでくれる。

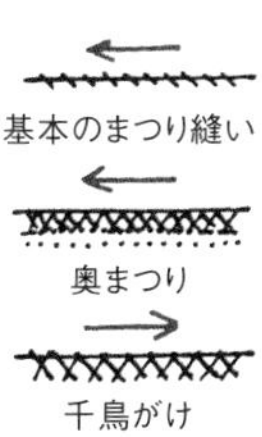

ポイント

今回紹介するまつり縫いの中で唯一、左から右へ（右利きの場合）進んでいくのが、千鳥がけ。

※「千鳥がけ」は、「千鳥くけ」「千鳥縫い」とも呼ばれています。

まつり縫い
奥まつり

布端にロックミシンがかけられた生地に適した、まつり縫い上級編。縫い目が目立たず、糸の引っかかりがないため、ほつれにくいのも利点。

1

ロックミシンで始末された布を二つ折りにし、縫い代側１㎝のところにざっくりとなみ縫いでしつけをかける。

2

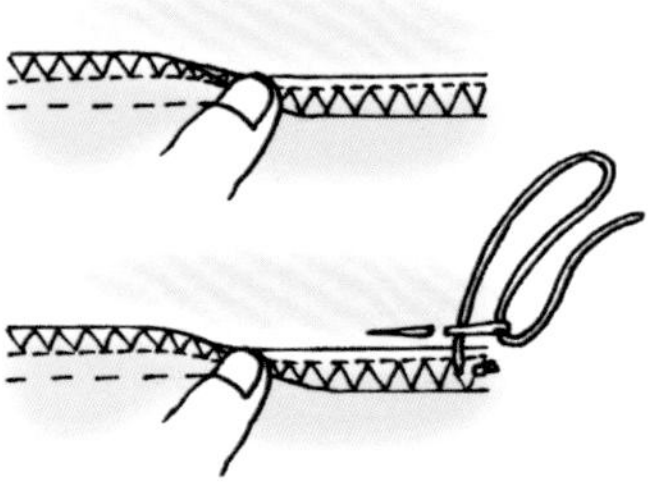

縫い代の端を手前に折り返し、内側からひと針すくう。約１㎝幅で表布を、糸２本すくうイメージで針を通す。

3

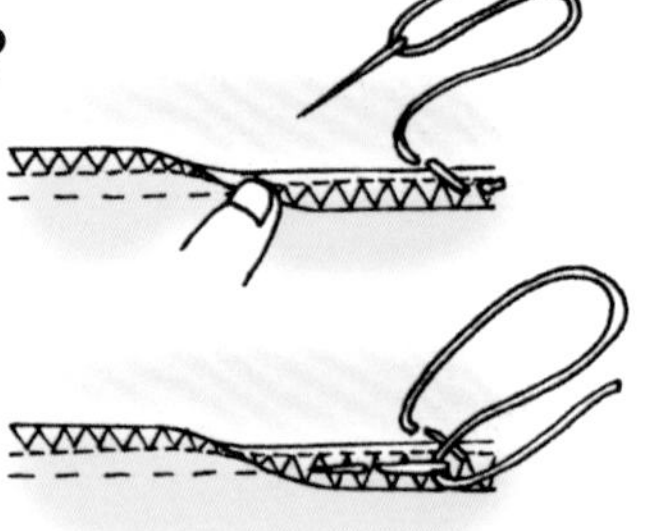

針を引き抜いたら、再び縫い代側をひと針。こちらも糸２本すくうイメージで。針目は５㎜から１㎝くらいの間隔で。

4

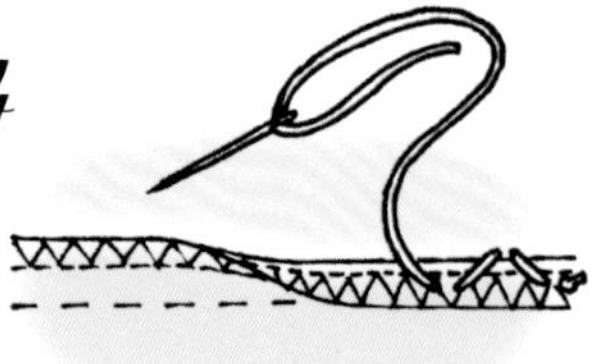

*2*と*3*を繰り返す。

5

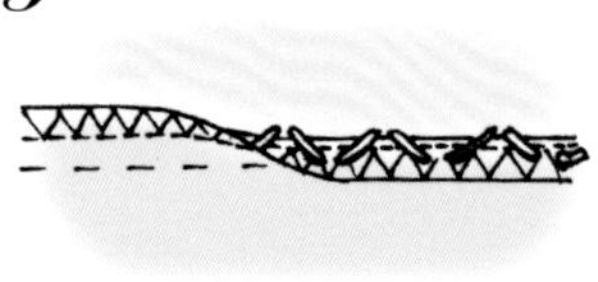

繰り返すと、こんな縫い目に。最後まで縫ったら、しつけを外す。

6

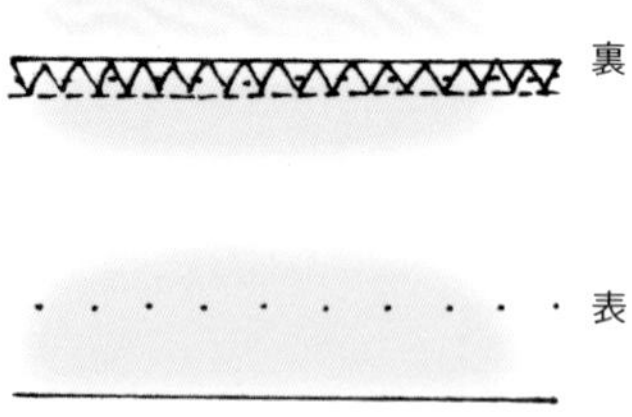

できあがり。裏側からは、ロックミシンで縫い目が隠れてほとんど目立たない。もちろん、表の縫い目も糸２本分と、最小限になり、手間はかかるが仕上がりはきれい。

まつり縫い 3種類をどう使いわける？

基本のまつり縫い

スカートやパンツの裾上げ、アームホールのほころび、あるいは外出先でのちょっとしたアクシデントなど、これをマスターしておけば、ほぼ対応可能な、基本のまつり縫い。簡単に手早くできるのもメリット。

奥まつり

シフォンなど、薄く繊細な生地にも使われる奥まつり縫い。布と布の間に糸が隠れるため、表も裏も、ともに縫い目が目立ちにくいのが特徴。糸が隠れているので、擦り切れにくいという利点も。

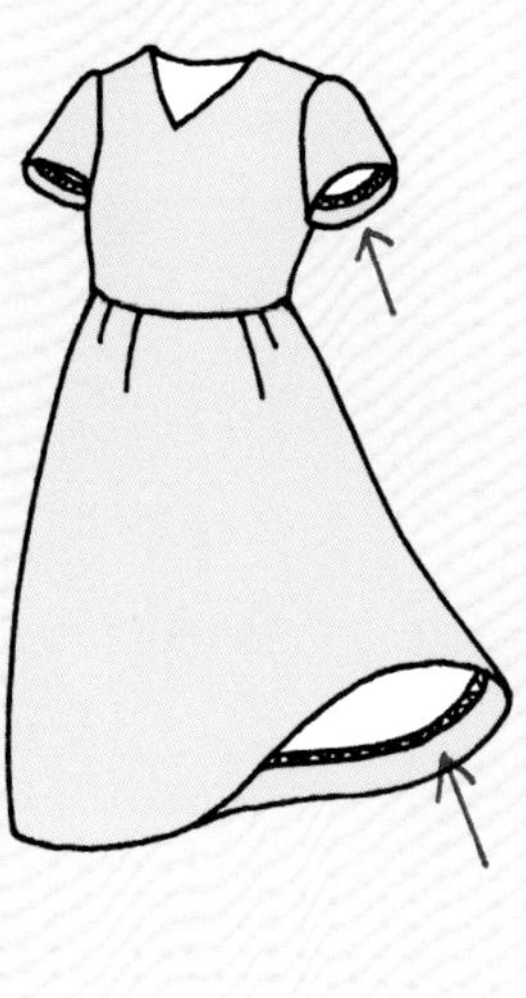

千鳥がけ

スーツやジャケットなどを扱う、メンズテーラーで多用される。ウールなど、毛織物の布端を裁ち目のまま止めつけるのに使う方法で、柔らかな仕上がりが特徴。布をしっかり押さえ馴染ませるので、ずれやすい生地や、厚手の生地の裾上げにも。

セルフリフォームのアイデア 4

穴やほつれを上手に隠す

ニット刺繍

ハイネックセーターやポロシャツなど。定番アイテムにちょっと小ワザを効かせたいとき、ごく控えめなワンポイントの刺繍はいかがですか。

使う道具

- 刺繍針
- 刺繍糸（2本どり）

作り方

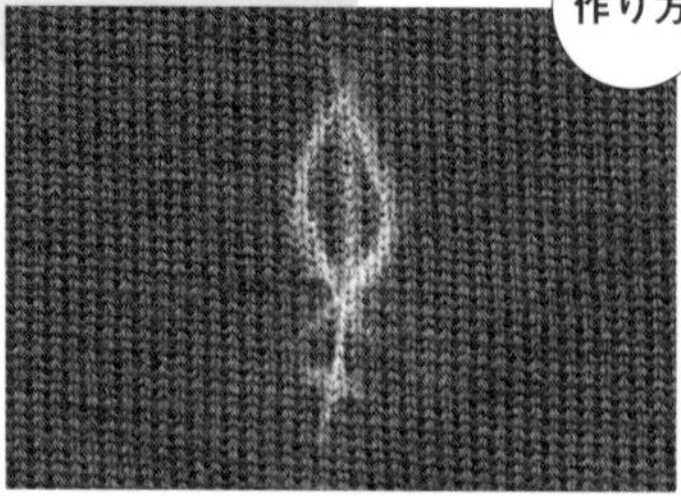

1 チャコペンで図案を描く。左右対称は粗が目立つので、ラフに。

葉っぱや小花、ハートなど、少し歪んだフォルムがサマになるモチーフがおすすめ。パールボタンを使うのも手軽。

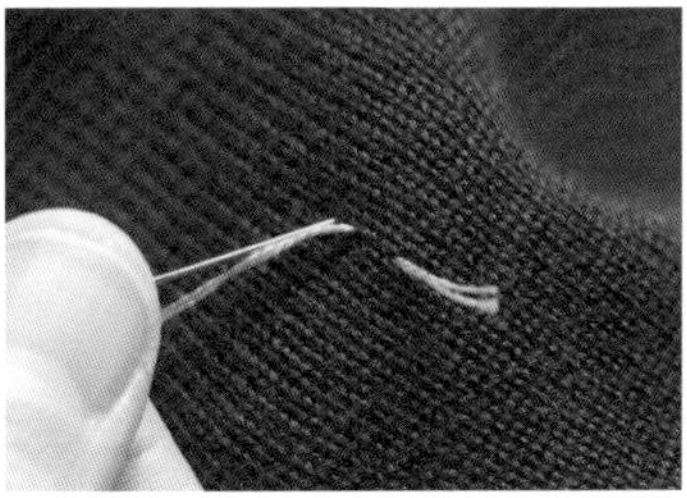

2 図案の真ん中に裏から針を入れ、糸が抜けないように返し縫い。

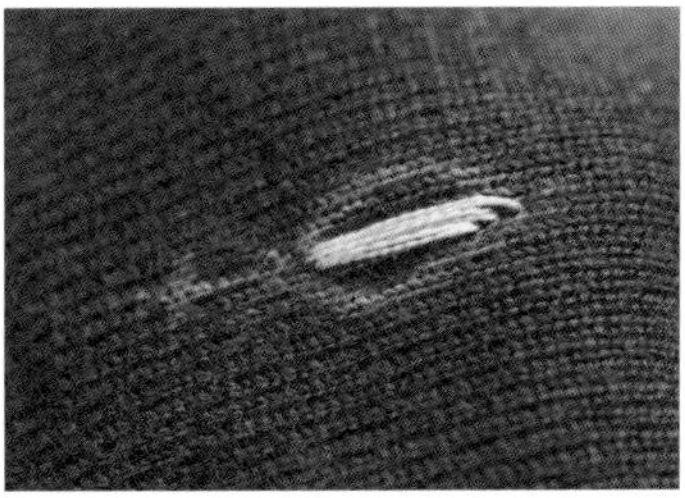

3 線の少し内側を、中央から縦に刺していく（サテンステッチ）。

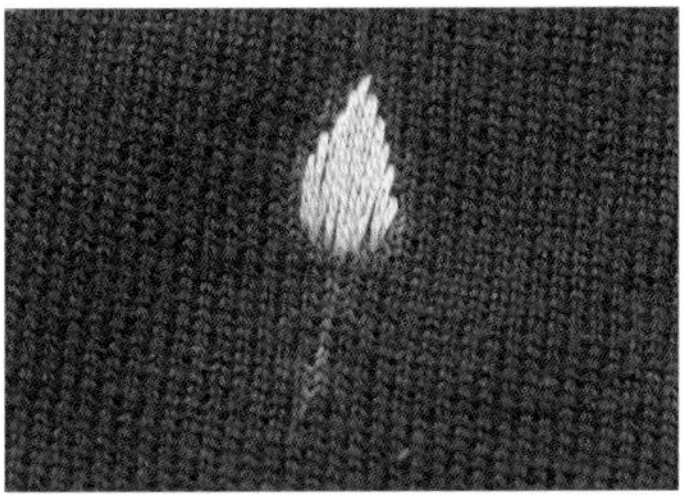

4 できれば糸が平行になるように葉っぱの全面を刺繍する。

5 刺繍の上から、今度は横に刺していく。葉脈をイメージして。

6 糸をあまり強く引かず、ぷっくりと立体的に仕上げるのがコツ。多少歪んでも気にしない。最後にちょこっと茎を刺して。刺し終わったら、糸の端を裏面の縫い目に何度かくぐらせて処理する。玉止めしなくても糸は抜けないので大丈夫。

「穴があいたから」とあきらめないで
自分でできる
ニットの穴補修

どれほど高価なブランド品であっても、布帛（織り物）と比べ、ニット（編み物）は消耗が激しいアイテムです。繊細なカシミアをアクセサリーで毛羽立たせてしまったり、家具などのささくれに引っかけて糸を引っ張ってしまったり。お気に入りのセーターに、虫食いの穴を見つけたときのショックときたら……!!

もちろんプロに任せれば、大抵の場合はほとんど見た目にはわからない程に、美しく仕上げてもらうことが可能です。でも、ほんのちょっとした糸のひきつれや、「手触りが好きで好きで、もう何十年も手放せないでいるカシミアのセーター」であるならば、ほんの少しの時間を割いて、セルフリフォームしてみてはいかがでしょう。

「なんだ、意外に簡単！」と、目からウロコのポイントを解説します。

プロの技
4

ニットの穴補修
初級編

初級編は、穴はあいていないけど、ニットを引っかけて糸が飛び出してしまったときの対処法。誰でも簡単に始末できる、便利アイテムのご紹介です。

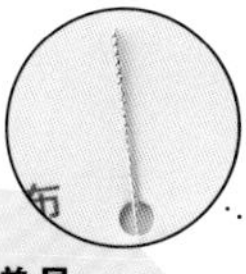

使う道具

- ほつれ補修針

太・細2本の補修針セット。(クローバー)

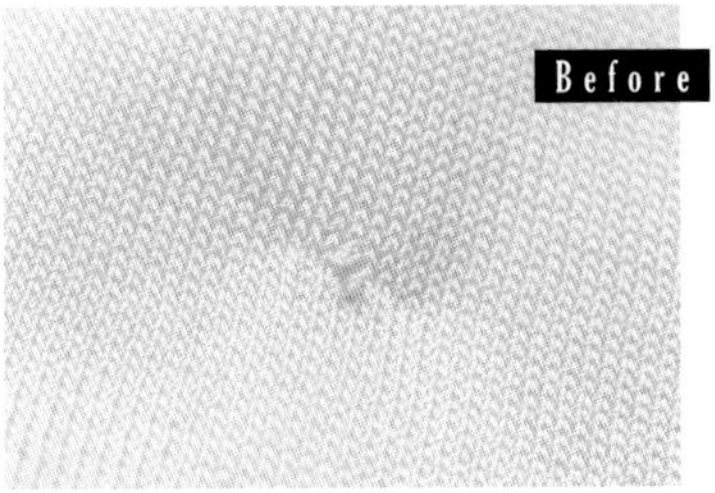

引っかけたため、糸が飛び出しているうえに、不自然なひきつれが。

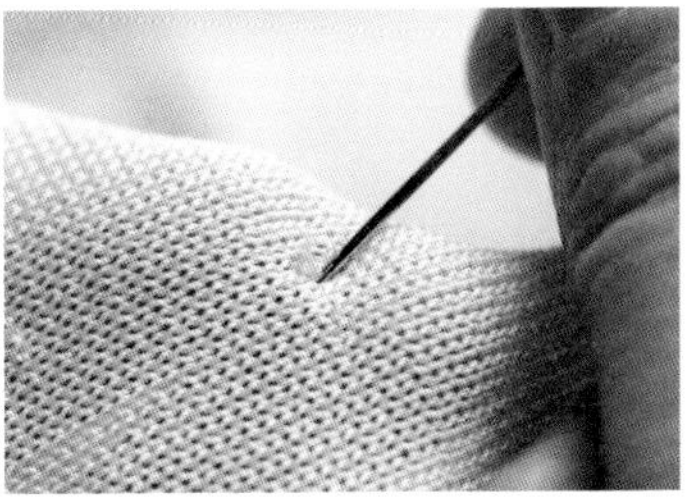

1 表から、飛び出した糸の根元に針を刺す。針のギザギザにほつれを巻きつけて。

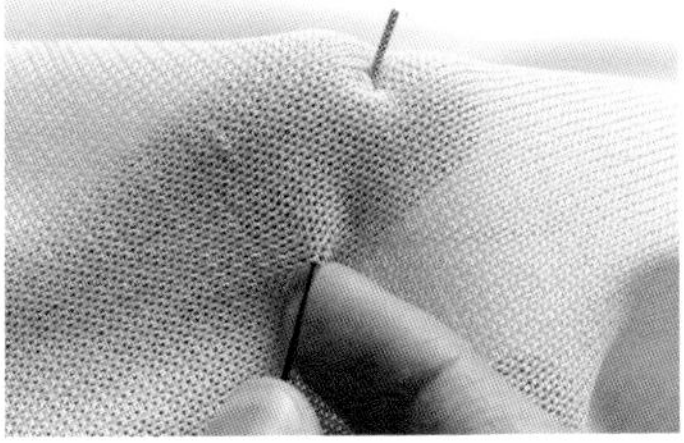

2 ほつれを巻きつけて引き抜く作業を何回か繰り返す。

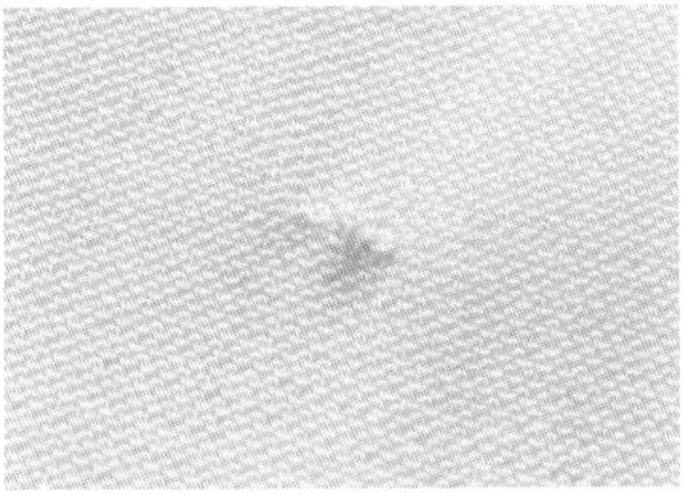

3 飛び出た糸が裏側に引っ込んだ状態。ひきつれは指で左右上下に引っ張り馴染ませて。

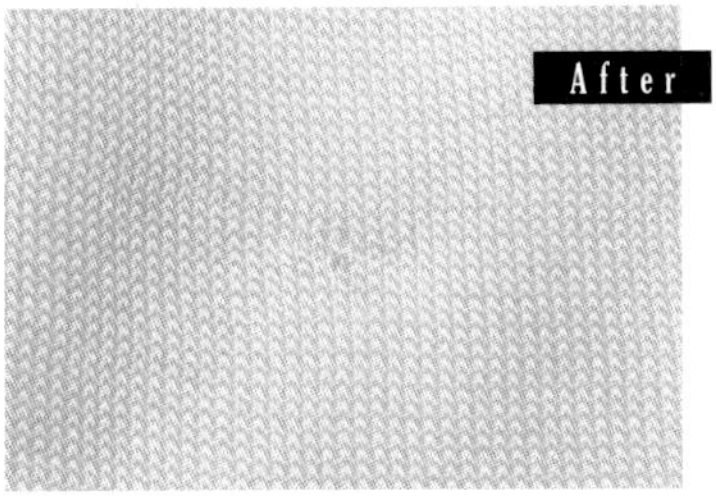

ひきつれがほとんど目立たない状態に。ジャージ素材やハイゲージニットにも。

ニットの穴補修
中級編

長く着ていることで、最初に穴があいてしまいやすいのが、袖の付け根、脇の部分です。目立たない部分ですから、まずはここから気楽にトライ！

1 裏で返し縫いをして、針を表に出す。糸端は長めに残す。

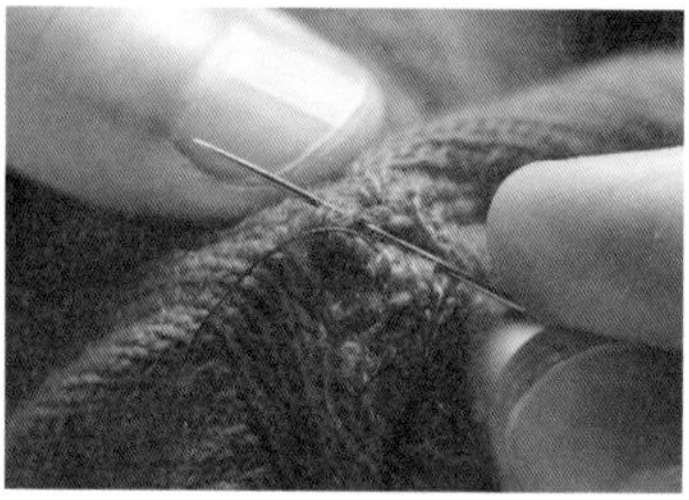

2 穴の周囲を丸く囲むイメージで、糸を拾いながら縫っていく。

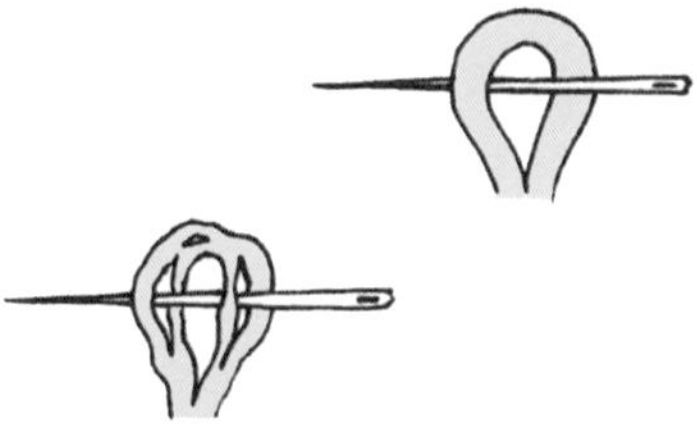

輪からほつれるので、ここを食い止めたい。針が通せなくても、刺さっていれば大丈夫。

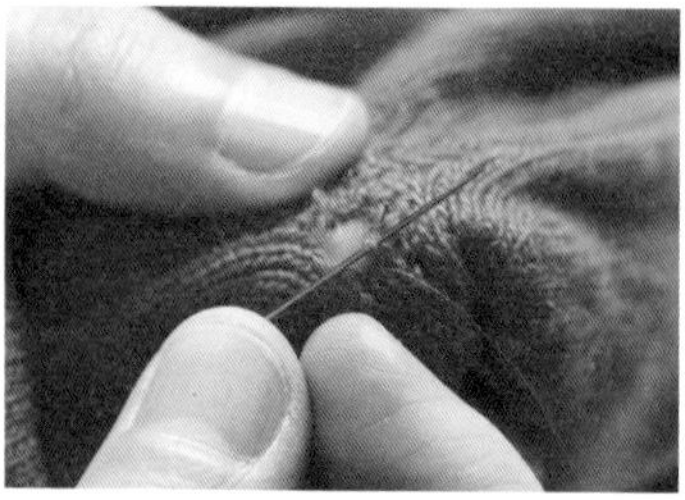

3 ループ状になった糸目に注意。これを必ず拾うこと。

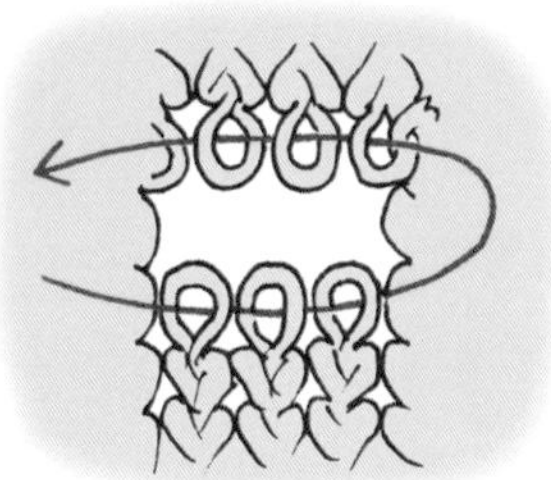

輪は必ず拾い、糸が切れていない側面はなみ縫いで。穴を囲むように丸く縫う。

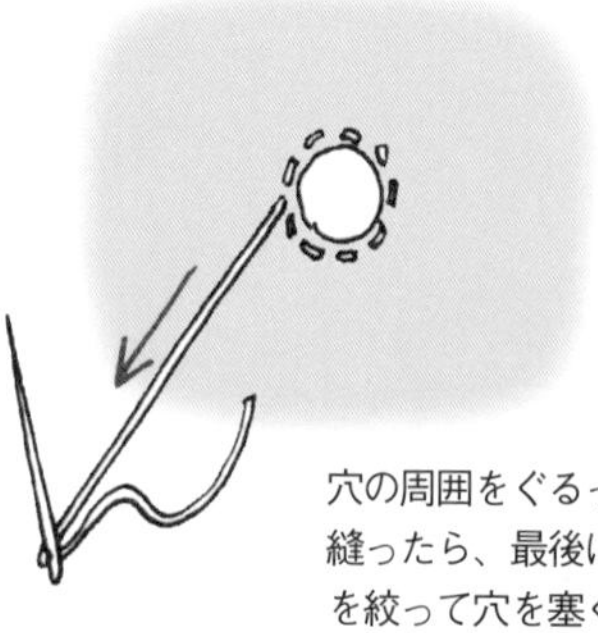

穴の周囲をぐるっと縫ったら、最後に糸を絞って穴を塞ぐ。

使う道具

- 縫い針
- 同系色の糸
（今回使用はミシン糸）

4 1周したら、糸を引っ張って絞り、穴を塞ぐ。

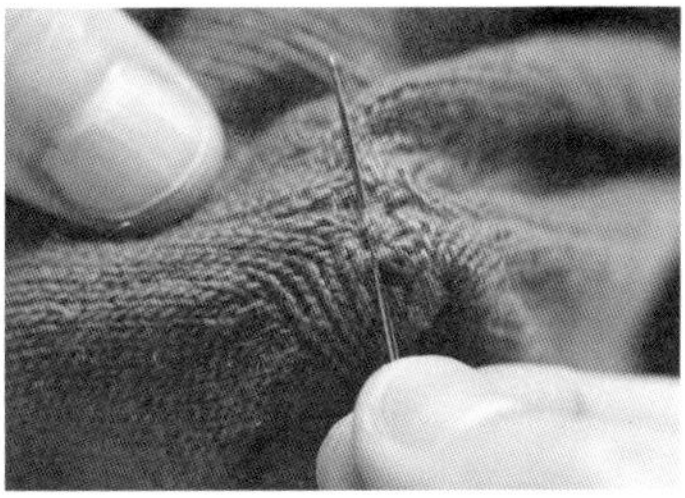

5 穴があったところを縦横に何針か縫い、補強する。

手順*5*のイメージ。図のように縦横に糸を渡して何針か縫う。

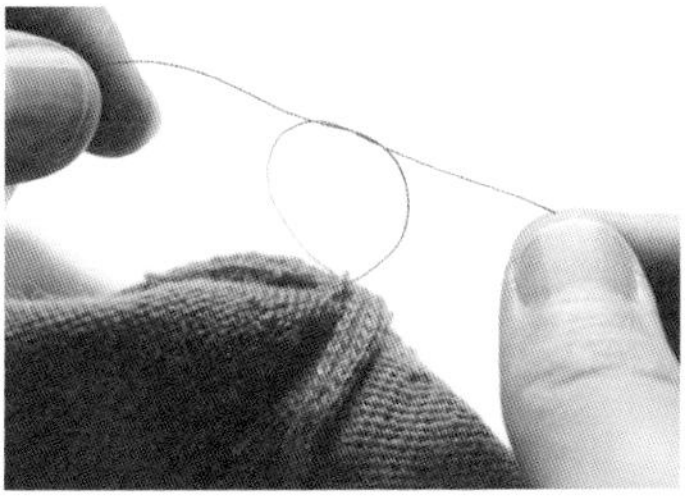

6 裏に針を出して、糸の始末を。糸はじめと、こま結びに。

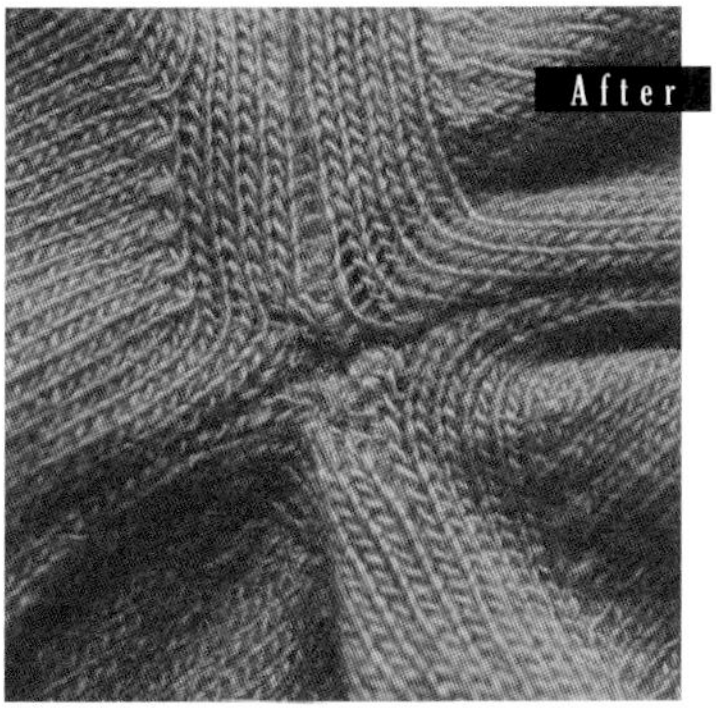

糸端を編み目に数カ所押し込んでから切れば、完成。穴があいていたとは思えない状態に。

ニットの穴補修
上級編

ハイゲージの場合、一度糸が切れると、あっという間に編み目がほどけてしまいます。でも理屈は簡単。特に編み物経験者ならば、ぜひお試しあれ。

使う道具

- かぎ針　• 縫い針
- 同系色の糸
（今回使用はミシン糸）

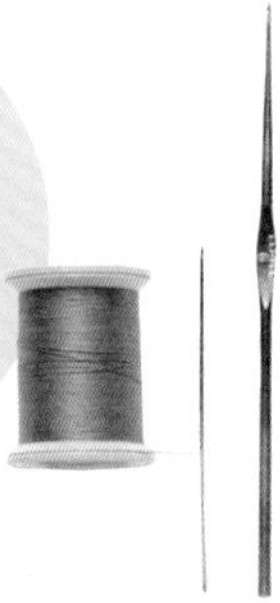

糸が切れたために何段もほどけてしまったが、大きくほどけたのはひと目だけ。

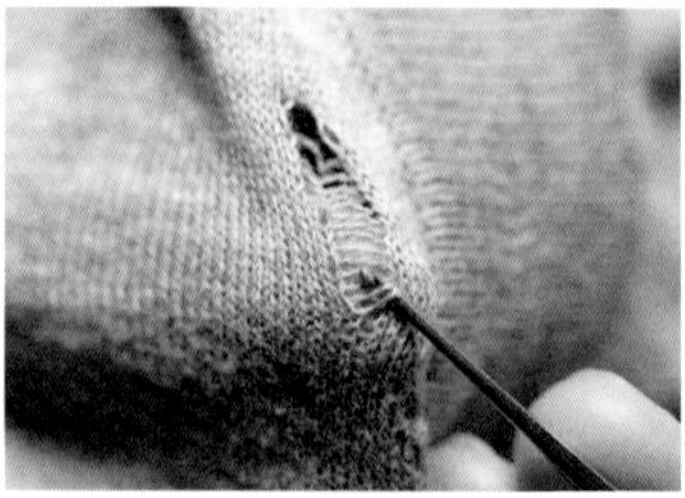

1 ほどけた編み目の一番下と二番目の輪にかぎ針を刺す。

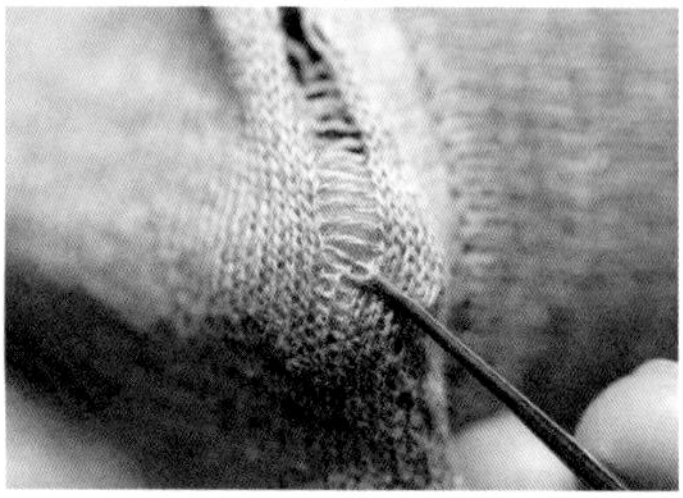

2 下から二番目の輪を一番下の輪にくぐらせる。これを繰り返す。

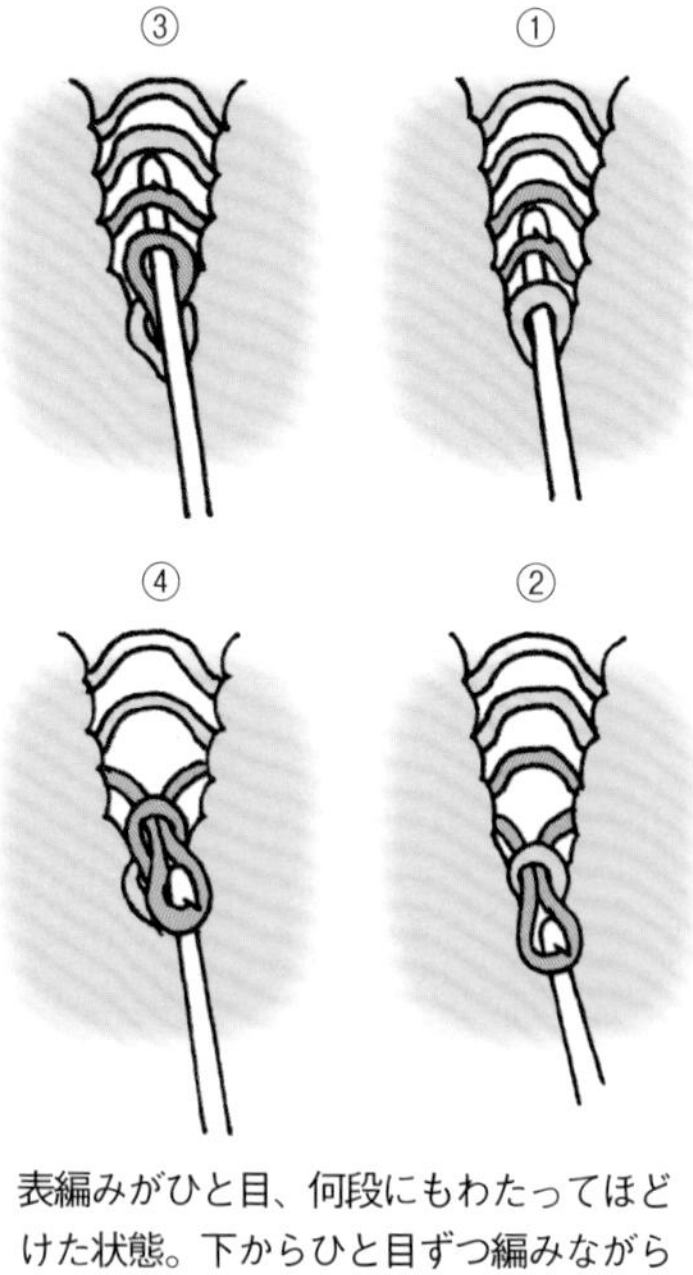

表編みがひと目、何段にもわたってほどけた状態。下からひと目ずつ編みながら上下をつなぎ合わせ、穴を塞いでいく。

3 ほどけた輪を上まですべて拾った状態。穴が小さくなった。

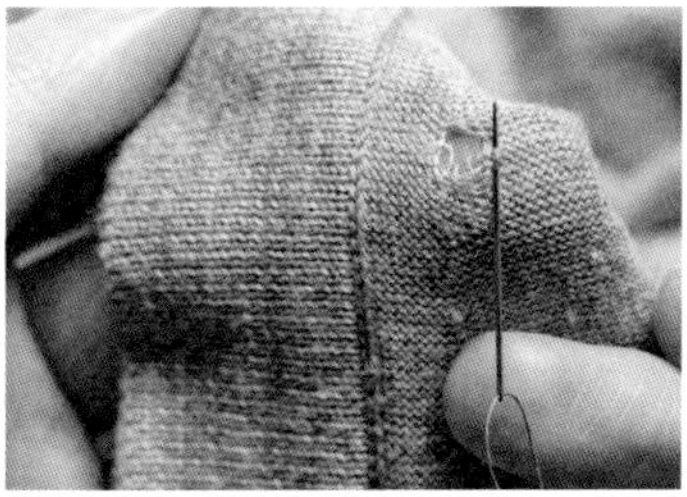

4 裏で返し縫いをして、針を表に出す。糸端は長めに残す。

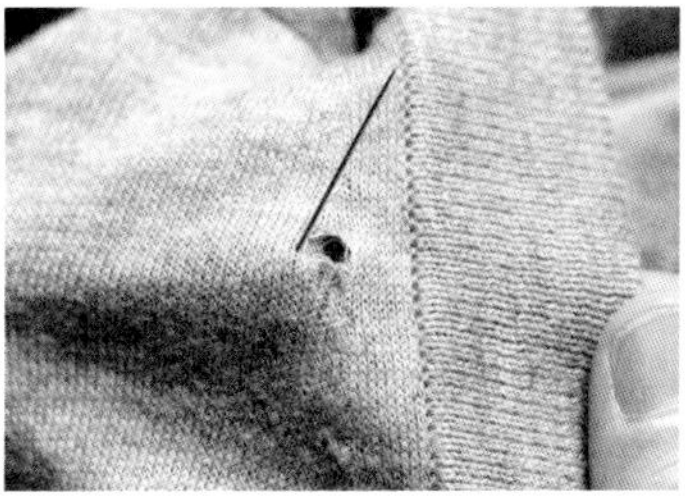

5 針を表に出したところ。ここからは92ページの工程と同じ。

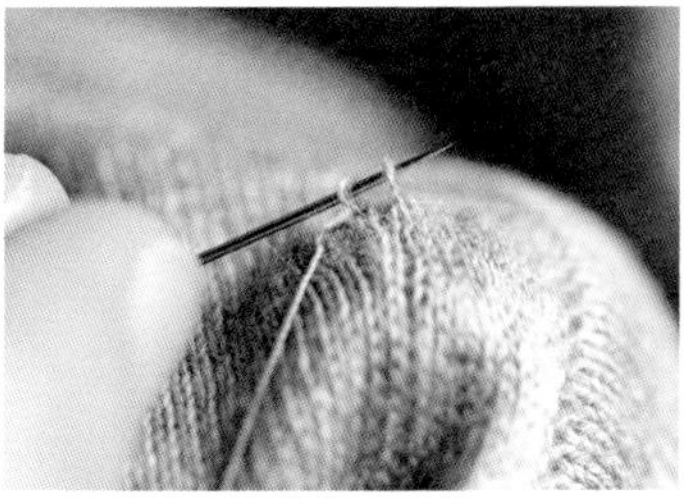

6 ループ状にほどけた糸目は、輪に針を入れて必ず拾う。

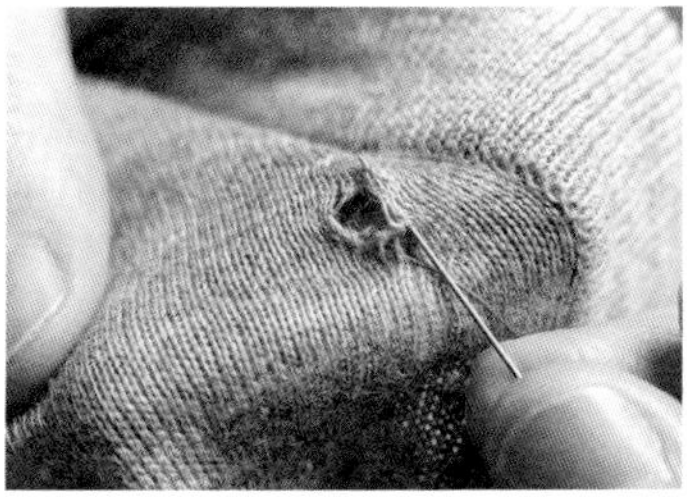

7 糸が切れていない側面はなみ縫いで。穴を囲むように丸く縫う。

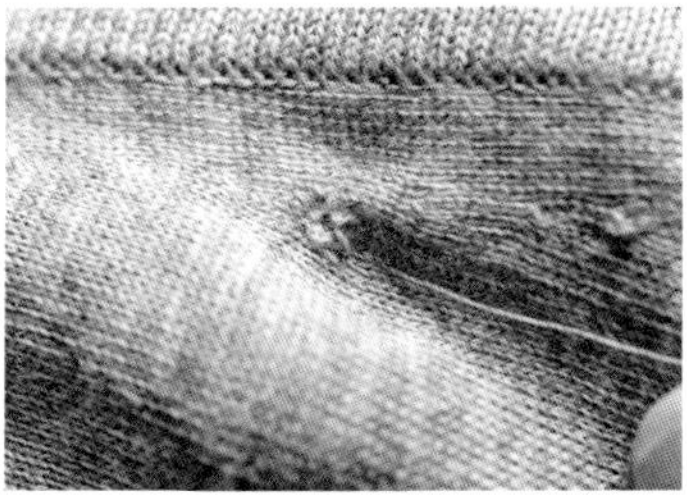

8 1周したら、糸を引っ張って絞り、穴を塞ぐ。

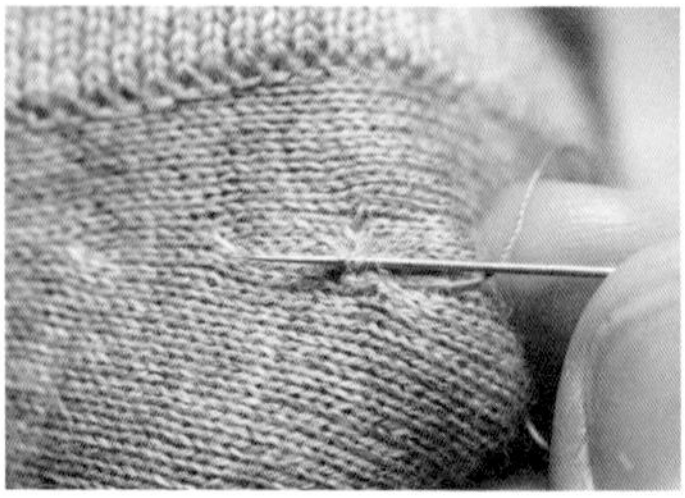

9 穴があったところを縦横に何針か縫い、補強する。

10 裏に針を出して、糸の始末を。糸はじめと、こま結びに。

11 ニットをやさしくもむようにして、縫った箇所を馴染ませる。

12 毛羽立った箇所は「ほつれ補修針」を何度か通し糸を裏に送る。

After

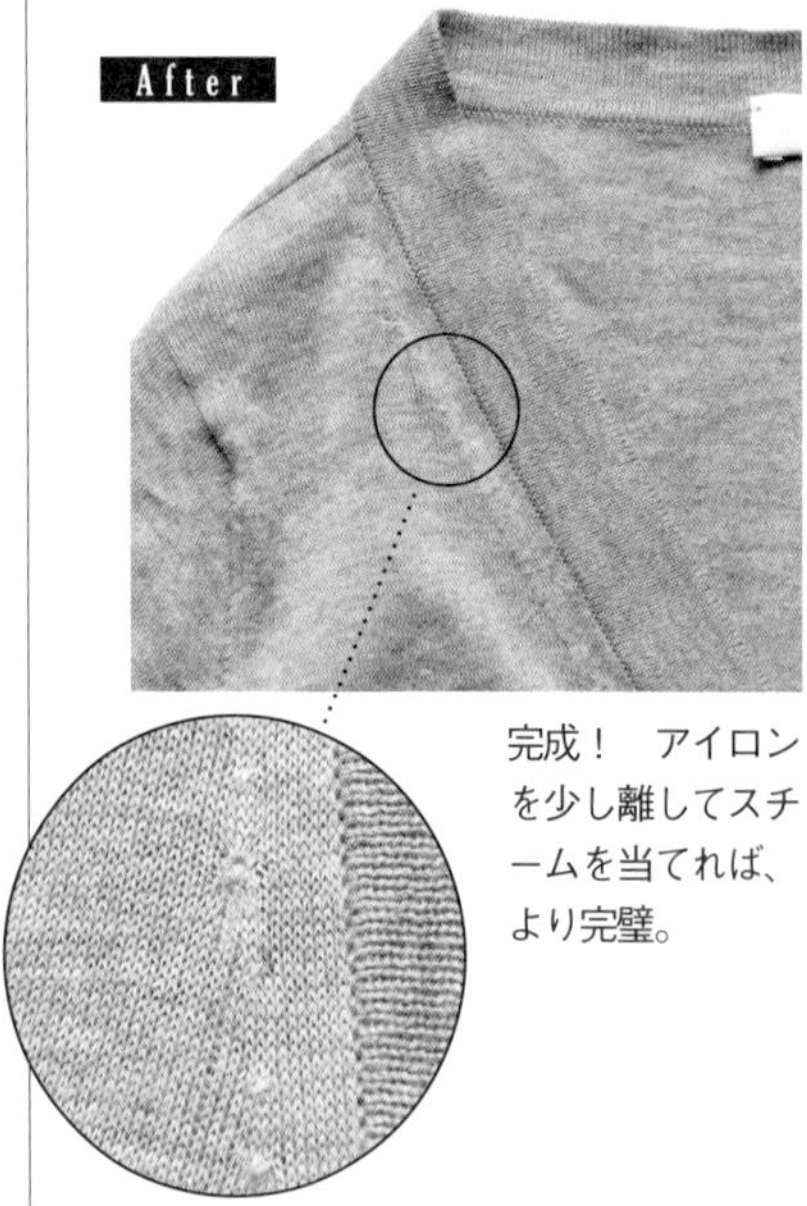

完成！　アイロンを少し離してスチームを当てれば、より完璧。

Part 3

リフォームQ&A

Q1

洋服のサイズ直しはどれくらいの範囲までできるものなのでしょうか？

A

それぞれのお洋服によって対応できる範囲は異なりますが、サイズを小さくすること（詰め）や、大きくすること（出し）は可能です。

大きくする場合、通常3～4㎝程度は大きくできます。パンツやジャケットの場合、タックやダーツから広げることも可能です。一方、小さくする場合は、例えばスーツなら2～3サイズ程度のサイズダウンでしたら、可能な場合が多いです。

サルトでは、大幅なサイズ調整が必要な場合や特殊な素材の場合、お直しできる範囲を超えている場合でも、袖丈の短いジャケットを七分袖に、あるいはジレに、といったリメイクのご提案をしています。

Q2

ニットやカットソーなどのリフォームは可能ですか？

A

ニットについては、ほつれ、穴、糸引きといった補修から、袖詰め、身幅詰めといったリフォームが可能です。

ただし、素材やお直し箇所、寸法によっては、リフォームができない場合があります。また、お直しが可能であっても、コストがどれくらいになるのかがすぐに判断できない場合があるため、サルトでは一旦お預かりして職人と共に判断し、お見積もりさせていただいています。

伸縮性のあるカットソーも、長袖Tシャツを半袖に、あるいは着丈を短く等々、もちろんほつれのリペアも、専用のミシンで対応しています。リフォームの自由度は布帛とほぼ同等とお考えいただいて結構です。

Q3

ダウンジャケットやゴム引きコートなど扱いの難しい素材もお直しできるのでしょうか？

A

ブランドやデザイン等により、対応できるものとできないもの、対応可能な範囲の限界は異なりますが、基本的には、どんな素材についてもサルトではご相談をお受けしています。

例えば、ダウンジャケットの身幅・袖丈詰めや破け、「マッキントッシュ」に代表されるゴム引きコートの防水処理などにも対応可能です。

また、レザージャケットについては、サイズダウンから破けの補修、ファスナー交換などさまざまなリフォームに対応しております。

ダブルフェイスのコートなど、職人の手作業が必要な工程も、オーダーメイドと同じプロセスで対応しております。

Q4

フルハンドメイドのスーツを直したいのですがステッチなど、細かな部分の再現ができるのか心配です。

A

熟練した技を持つ職人であれば、ステッチなど細部に至るまで、かなりの確率でオリジナルの再現は可能です。

サルトには、アットリーニ、キートン、ブリオーニ、リヴェラーノ、セミナーラ、パニコ、アンブロージといったテーラーブランドや、日本を含むアジアの老舗テーラーのスーツなど、あらゆるブランドのスーツをお持ち込みいただいております。

以前、アットリーニでスーツをオーダーしたものの、受け取る際に15kgほど痩せてしまわれたお客様の依頼を承ったことがあります。その仕上がりはイタリア本国アットリーニ社より高評価を受け、お墨付きをいただきました。

Q5

ルイ・ヴィトンやエルメスなど一流ブランドバッグのお直しは、本来のクオリティやブランド特有の風合いをキープできるのか、心配です。

A

「サルト銀座本店」には、靴のフルオーダーを承る靴職人が常駐しています。採寸、ラスト（木型）製作、仮縫いと、ゼロから靴を仕立てられる靴職人だからこそ可能な、丁寧で正確な、革製品の修理・ケアを提供しています。

高級ブランドのバッグは、金具の交換や破けた革の補修、角の色落ちなどの染め直し等々、さまざまなお直しに対応可能です。長年の使用による風合いを大切に、自然に馴染むような修理を心掛けています。

また、靴やバッグ、お財布などの定番革製品だけでなく、革製品であればどんなものでも修理をお受けしています。

革靴に関しては、オールソール（靴底交換）や踵《かかと》ラバー交換などの定番の革靴修理から、染め替えやサイズ調整まで、どんなことでもご相談ください。

Q6

ニットの虫食いなどのリペアはお願いできますか。生地の裂けやファスナー交換リフォームではないのですが

A

生地にあいてしまった穴を可能な限り元の状態に戻す「かけはぎ」と呼ばれる手作業での修復や、裏から補強用の布を当て、ミシンで縫う「タタキ」といったやり方など、穴や擦り切れの大きさ、位置、素材によって、最適な方法をご提案させていただきます。ただし「かけはぎ」の場合、補修が可能かどうか、職人と共に判断させていただきたいため、一旦商品をお預かりさせていただくケースが多く、予算も含め、即答が難しいことをご了承ください。

その他、ボタン・ファスナー交換はもちろん、ジーンズに関しては、裾上げ用ミシンの代名詞である「ユニオンスペシャル」でのチェーンステッチ裾上げはもちろ

ん、裾のダメージをそのまま移植して股下詰めを行うお直しや、ブランド特有のステッチの再現など、さまざまなお直しメニューをご用意しております。

Q7

洋服やバッグをフリマアプリに出品するためにリフォームしようか迷っています。

A

フリマアプリに「美品」として出品するためには、ほつれや擦れなどの不備や劣化を、できるだけオリジナルの状態に戻す作業が有効なようです。

また、イレギュラーなサイズの場合、汎用性の高い普通サイズに変更したり、さらには、元のサイズに戻せるよう配慮するなど、さまざまな工夫が考えられます。

あるいは、白など色の薄いアウターやバッグのハンドルに「はっ水加工」を施し、〝付加価値〟を付けることで他との差別化を図るお客様もいらっしゃいます。

当店ではプロの目で「美品」に必要な条件をチェックし、リフォームのアドバイスをさせていただきます。ただし、リフォームの費用はそれなりにかかりますので、ある程度高額な価格をつけられる品物であることが前提になるかと思います。

Q8

お直し価格の相場は、どのように判断すればいいのでしょうか？

A

サルトでは、世界中の洋服の構造を理解し、最新のトレンドに精通したフィッターと職人たちが、「お客様に相応しいお直し」を、ご提案しております。

フィッティングでは、お客様の職業やお直しする洋服を着用する場面、「どう見られたいか」「どうなりたいか」など伺いながら、最適な寸法やお直し方法を探ってきます。そのため、サイズ詰めを希望されたお客様に対して、あえてサイズ出しをおすすめすることもありますし、「お直しはしないほうがいい」とご提案することもあります。また、ネクタイの合わせ方といったスタイリングから、それぞれの着用場面における服装マナーまで、フィッターが丁寧にお話しさせていただきます。

お直しの技術が高いことはもちろんですが、幅広い知識や提案力も当店の特徴であり、他店様との違いとなっておりますことをご理解いただければと思います。

リフォーム価格一覧

※本書に掲載したリフォーム実例にかかった料金です。掲載実例と同様のリフォームであっても、素材や特殊な縫製により価格は異なりますのでご注意ください。料金はすべて2021年８月現在のものです。

P18	メンズジャケット お直し	袖出し・ボタン交換・身幅詰め………… 合計2万5000円
P22 case 01	スーツお直し	ジャケット……………………………………… 3万5200円 パンツ ………………………………………… 1万6500円
P24 case 02	ジャケット お直し	反身補正・袖幅詰め・肩幅詰め・ ボタン交換・裏地交換……………………… 5万5000円
P26	ジャケット お直し	反身補正・袖幅詰め・肩幅詰め・ ボタン交換（金ボタン）・襟裏交換（レザー）… 6万6000円
P28 case 03	ジャケット お直し	袖詰め・袖口アレンジ・ 前立てトグル装着&ループ制作 …………… 1万1000円
P30 case 04	ジャケット お直し	袖丈出し・レザー裏地ハギ足し …………… 1万1000円
P32 case 05	コート リフォーム	襟交換・袖フラップ交換 …………………… 1万9800円
P34 case 06	ファーコート リフォーム	デザイン変更（ジレ）・身幅詰め・ 襟高調整・裏地交換 ……………………… 8万8000円 バッグ制作（袖利用） ……………………… 3万3000円
P36 case 07	コート リフォーム	ダブルフェイスコートのデザイン変更（ジレ）… 1万9800円
P38 case 08	ファージャケット リフォーム	ニットファーの袖丈詰め・着丈詰め………… 3万3000円 バッグ飾り制作（カット残布利用） ………… 1万6500円

リフォーム価格一覧

P40 case 09	ライナー リフォーム	デザイン変更（ジレ）	1万6500円
P42 case 10	セーター リフォーム	エルボーパッチ&襟タブ付け （ブランケットステッチ）	1万1000円
P44 case 11	ワンピース リフォーム	デザイン変更 （ワンピースからボウタイブラウス）	2万2000円
P46	スカート リサイズ	身幅出し 裏地付け（プリーツ部分）	1万6500円 1万6500円
P48 case 12	スカーフ リフォーム	ジレ制作	5万5000円
P52 case 13	かごバック ライナー交換	ライナー製作費	4万4000円
P54	オリジナル リメイク	ジャケットからバッグへリメイク	4万円〜
P55	オリジナル リメイク	保管用袋からライディングベストへリメイク ガーメントバッグからボストンバッグへリメイク 保管用袋からトートバッグへリメイク	8万円 3万円〜 1万5000円〜
P56 case 14	シューズ リフォーム	パッチ付け（2カ所）	5000円
P58	バッグ クリーニング	全体汚れ落とし・補色	2万2000円
P59	バッグ リフォーム	ハンドル丈変更 ファスナー交換 ハンドル補色	5500円 1万6500円 5500円

リフォーム参考価格

※下記はサルトでのリフォーム参考価格になります。表示価格は消費税込の価格です。
複雑なリフォームの場合、特殊な縫製を施している場合は、個別のご相談にも応じますのでお気軽にご連絡ください。

スカート

着丈詰め　3,850円〜

裾の仕様が三つ巻きのものの料金。折り返しすくいミシン仕上げ（4,400円〜）、三つ巻きの中にある縫い代を利用して着丈を出す場合（6,050円〜）などがある。ウエストより着丈詰めをする場合は16,500円〜。裾からではなくウエストベルトとの切り替え位置から詰める場合。裾にボリュームがあるもの、デザインがあるものなどに有効。

シャツ

袖丈詰め・出し　3,850円〜

上記は袖口からのお直しで剣ボロを移動させる場合の料金。肩から袖丈を詰める場合は4,400円〜。

シルエット調整・身幅　4,950円〜

身幅調整のほか、袖幅調整（4,400円〜）、着丈調整（3,850円〜）、肩幅調整（5,500円〜）などでシルエットのお直しが可能。

コート

**袖を短くする、
または長くする　3,300円〜**

上記は筒状でデザインのない袖を短くする、または長くする場合の料金。袖を調整した後、現状と同じように袖口を仕立てる。

肩を小さくする　9,900円〜

上記は肩幅を3cm未満でお直しする料金。袖を外し、肩幅を調整する。ほかにラグランコートの場合は22,000円〜、肩パッドの調整は3,300円〜。

ジャケット

**袖を短くする、
または長くする　4,950円〜**

上記は本開きでない場合の基本料金。本開きの場合は8,800円〜。袖丈を長くしたことで裏地が足りなくなった場合や本開きへの変更などは別途、追加料金。

**ウエストを細くする、
または広げる　8,800円〜**

上記は±3cm未満でセンターベント、またはノーベントのジャケットの場合の基本料金。両サイドの縫い目からウエストを中心に調整する。±3cm以上調整する場合は、脇の縫い目だけでなく数カ所でバランスを見ながら調整するため、料金は11,000円〜となる。

**胸回りを細くする、
または広げる　9,900円〜**

上記は±2.5cm未満の場合の料金。胸回りのお直しは、ジャケットの袖と脇周辺を分解し調整する。±2.5cm以上の場合はアームホールも分解するため13,200円〜。

肩を小さくする　9,900円〜

上記は3cm未満の場合の料金。袖を外し、肩幅を調整。肩パッドの調整（無くす、薄くする、または追加する）の場合は3,300円〜、肩を柔らかな印象の「ナチュラルショルダー」に変える場合は11,000円〜。

パンツ

ウエストを大きくする　4,950円〜

上記は後ろの縫い目から調整できる範囲の料金。後ろと両脇から調整する場合の料金は7,700円〜。お尻の食い込みや生地の余りを改善する（3850円〜）などはき心地やシルエットを改善するお直しも。

おわりに

今、世界はＳＤＧｓという共通の目標を掲げ、自分たちの地球や生活を守り、よりよい未来へ向かおうと模索しています。多くのブランドが環境に配慮したコレクションを発表していることも、こうした流れからきているのでしょう。

しかし、冷静にみると、それらは地球環境への負担が少ない方法を採用しつつも、結局は「新しいものを大量に生産し、消費していく」構図自体に、大きな変化はないことに気づきます。

私どもが提案する「お直し」は、今あるものに手を加え、持続的に使える状態にすることです。「お直し」が究極である理由は、今あるものを1とした場合、「1以上に増やすことなく、新しい1をつくり出す」、無限の可能性を秘めていることです。

ケニア出身の環境保護活動家で、アフリカ人女性として初のノーベル平和賞受賞者であるワンガリ・マータイさんは、２００５年に「もったいない」という日本語と考え方に出会い、その後すぐに「ＭＯＴＴＡＩＮＡＩ」を世界に向けて提唱しました。

我々の力はとても小さいですが、彼女と同じ想いで「お直し（ＯＮＡＯＳＨＩ）」

という言葉を世界に羽ばたかせることを、大きな目標としています。

今回の出版において何より嬉しく思うのは、ファッションを楽しむための「お直し」だけでなく、我々の「お直し」に対する想いや信念、「モノを大切に長く使う」という、日本に長く伝わる精神、文化について、ご紹介できたことです。

第2章では「セルフリフォーム」のページをつくりました。これは、「お直し」の本来の姿が「暮らしの中の文化」であることをお伝えする意味もありました。

今でこそ、大半の方は「お直しはお店に頼むもの」というイメージをお持ちかと思います。でも、ふと自分の子供時代を振り返れば、母親が制服やジャージを繕ってくれた思い出がよみがえります。それは決して特別なことではなく、ごく当たり前の暮らしの中の風景だったように思います。

30代の若いスタッフに話を聞くと、彼も母親や祖母にお直しをしてもらった経験があったそうです。そして、「だから、大切に着ていましたよ」というのです。

ただの洋服に、「お直し」というひと手間、愛情が加わると、洋服は単なるモノ以上の価値を持ち、私たちの気持ちの在りよう、向き合い方も変わります。

イタリアの有名ブランド「ブルネロ・クチネリ」の会長兼デザイナーのブルネロ・クチネリさんも、あるインタビュー記事で、ご自身が着古したセーターをお孫さんへ着せているエピソードや、「お直しと再利用」の可能性に、大きな魅力を感じていることを語っていらっしゃいました。

この本を読んでくださった方が、ご紹介したセルフリフォームのアイデアをご自身の好みにアレンジし、お試しくださったら、とても嬉しく思います。

最後になりましたが、今回の出版にあたり、快くご協力くださいましたお客様と、日頃ご愛顧いただいておりますすべてのお客様に、この場をお借りして、感謝の気持ちをお伝えしたく存じます。ありがとうございました。

この本を通して、「お直し」という言葉が少しでも身近になりますよう、そしてまだ「お直し」を迷っていらっしゃる方々がお気軽にご相談くださる場となれますよう、サルトスタッフ一同、心より願っております。

2021年8月吉日

檀 正也

サルト銀座本店

洋服直し、洋服の補正、サイズ直し、リフォーム、かけつぎ、革製品の加工、各種カスタマイズのほか、テーラーとして仕立てやオリジナル&セレクトアイテムの販売も行う。「単にサイズのお直しをするだけではなく、トレンドを反映したお直し」をコンセプトに、依頼主の要望を丁寧に聞き取り、熟練フィッターが細かくピンワークを行った後に、各部のサイズ修正をミリ単位で行うなど、満足度の高いリフォームを提供することで人気を集める。

住所：東京都中央区銀座2-6-15 第一吉田ビル2階
TEL：03-3567-0016
営業時間：11時～18時（最終受付は17時）
定休日：水曜
URL：https://sarto.jp

檀　正也 だん・せいや

サルト株式会社代表。
2000年福岡県福岡市に有限会社サルト設立。2007年サルト株式会社へ組織変更し、東京都渋谷区に本社機能を移転。2009年サルト銀座店オープン、工房兼事務所を移転し、現在に至る。構造から服を作り直す技術がロンドン、ミラノの一流テーラーをはじめ、世界各国の一流メゾンから高く評価されている。熟練のフィッターによる体形と個性に合わせたカウンセリングと熟練した職人による洋服の修復・補正、サイズ直し、リフォーム、テーラーメイド、かけつぎ、革製品の加工、各種カスタマイズを手掛けているほか、企業向けに生産不良品の補修やお直しに関する講習会も行う。

ブックデザイン　河村かおり（yd）
撮影　金 栄珠（本社写真部）
イラスト　鍵本陽子
企画・取材　河西真紀

捨《す》てられない服《ふく》がよみがえる!

リフォームの魔法《まほう》

2021年9月14日　第1刷発行

著　者　檀《だん》　正也《せいや》
発行者　鈴木章一
発行所　株式会社講談社
〒112-8001　東京都文京区音羽2-12-21
販　売　TEL 03-5395-3606
業　務　TEL 03-5395-3615
編　集　株式会社講談社エディトリアル
代　表　堺　公江
〒112-0013　東京都文京区音羽1-17-18　護国寺SIAビル6F
編集部　TEL 03-5319-2171

印刷所　大日本印刷株式会社
製本所　株式会社国宝社

ISBN978-4-06-524812-6